*Wenn Du weetst, wo du vun kümmst,
kannst du ween, wo du wullt.*

Ich bin 1966 in Buchholz in der Nordheide geboren, absolvierte eine Ausbildung bei der AEG, studierte in Hamburg und Portsmouth und promovierte 1997 in Manchester. 2003 wurde ich an die Universität Rostock berufen und leite dort seither den Lehrstuhl für Systembiologie & Bioinformatik. Ich habe viele Jahre im Ausland gelebt, und mich immer wieder nach der Familie und dem Norden Deutschlands gesehnt:

*Denk ik in Platt, will ik no Huus;
will ik no mien Lüüd.*

Zuhause wurde leider kein Plattdüütsch gesprochen und dennoch spielte es manchmal eine Rolle: Ich sprach von »Muddern« und »Vaddern« wenn es mir wichtig war, unsere Nähe zu betonen, und als ich nach dem Studium Deutschland verlies, brachte Vaddern mich zur Fähre nach England und mit einem Kloß im Hals verabschiedete er mich damals mit den gleichen Worten, die auch seine letzten an mich waren als er im Oktober 2011 im Sterben lag: »Tschüüs mien Jung.«

Olaf Wolkenhauer

Olaf Wolkenhauer

Nich lang schnacken

Ein plattdeutsches
Konversationshandbuch

Quickborn-Verlag

Alle Rechte, insbesondere der Vervielfältigung,
der Übersetzung, der Dramatisierung, der Rundfunkübertragung,
der Tonträgeraufnahme, der Verfilmung, des Fernsehens
und des Vortrages, auch auszugsweise, vorbehalten.

ISBN 978-3-87651-377-5

© Copyright 2012 by Quickborn-Verlag, Hamburg
Umschlaggestaltung: rellesch concept, Hamburg
Gesamtherstellung: CPI – Clausen & Bosse, Leck
Der Umwelt zuliebe
auf chlorfrei gebleichtem Papier gedruckt
Printed in Germany

Inhalt

En Woort vörweg 9

Sik drepen wullen (Verabreden) 11

Wat afmaken 11
Wo bliffst du denn? 13
Wo sünd de afbleven? 15

Sik finnen (Sich finden) 16

Frogen no den Weg 16
Wo dat langs geiht 18

Allens mit de Tiet (Zeit-bezogenes) 19

Klockentiet 19
So löppt de Tiet 20
Immer sutje! 22
Jichenswenn 23
Annerletzt 25

Komen un gahn (Kommen und Gehen) 26

Begröten 26
Sik drepen 27
Ik mutt nu los 28
Verafscheden 29
Ik wünsch di wat! 30

Blots een Fraag (Fragen stellen) 31

Frogen 31
W-Frogen 33

Wat? 35
Do mi een Gefallen 36
Helpen 37
Jo, wat denn? 38

Dat is jo gediegen (Überraschungen) 40

Geheemnissen 40
Dunnerwedder! 42
Wenn dat nich wat is! 43
Ach wat? 44
Verbaast 45
Süh! 47
Momang! 48
Ik will mol seggen 49

Vun Geföhlen (Gefühle) 51

Allns kloor? 51
Dat gah di woll! 52
Freid un Spooß 53
Unbehagen 55
Ik schiet di wat! 57
Striet 58

Sik bedenken (Überlegungen) 60

Een Satz anfangen 60
Anroden 61
Man to 63
Op „Man to" reageren 64
Dat is schaad 66
Dat is mall! 67
Höört mol to! - Twüschen ropen 68
Deepdenkern - Wat to'n nodenken 69
Verklaren 70

Oordelen (Urteilen) 72

Sowiet so goot..72
Loff (un Schell)...73
(Loff un) Schell..74
Wunnerbor!..75
Eenmol un nich wedder!..76

Weeswark maken (Auseinandersetzungen) 77

Wat wullt du maken?..77
Tschulligung..79
Op Kritik reageren (?)..80
Op Kritik reageren (!)...81
Tostimmen...82
Dat is wohr..83
Dat will ik seggen/menen..84
Afwiesen 86
Ach, Tüünkraam!...87

Opklaren (Aufklären) 88

Dumm lopen..88
Twiefel...90
Dat hett so sien Mucken..91
Dor segg ik du to...93

Dat Wedder (Das Wetter)..94

Wat kriegt wi hüüt?..94
Regen..95
Johrestieden 96
Kakenhitt un oorskolt 96
Wulken 97
Sünnschien 97
Wind..98

In Sellschop (In Gesellschaft) **99**

Inköpen 99
To Disch 100
In'n Kroog 102
Picheln 103
Mien Leevste(r) 105
En Geschicht vertellen 109

Dit un dat (Dieses und Jenes) **110**

Tellen 110
Veel un wenig 111
Ünnerscheden 112

Disse un jenne (Diese und Jene) **113**

Ik, du, he, wi/ji/se 113
He is 116
He/se 117
Över annere schnacken 118
Tieden ännert sik, Frünnen blievt 121

Wörterverzeichnis **123**

En Woort vörweg

'Hochdüütsch kann jeedeen Döösbaddel schnacken, Platt is för de Plietschen' ... dachte ich und wollte es lernen. Zu dumm, daß ich es mit Grammatik und Regeln nicht so habe: Nur vage kann ich mich daran erinnern das 'Plusquamperfekt' keine Figur aus Asterix & Obelix oder der Sesamstraße ist. Aber ich kann lesen und zuhören; und so begann das vorliegende Projekt, sich der Sprache über das Gespräch zu nähern. Aber selbst wenn es mit dem Sprechen nicht klappt, weil vielleicht keine Plattschnacker in der Umgebung sind, findet sich hier für den Leser eine umfassende Sammlung norddeutscher Ausdrucksformen.

Auch wenn Lehrbücher einzelne Dialoge enthalten, so lassen sich diese oft schwer in einen neuen Kontext übertragen. Das vorliegende Handbuch soll deshalb eine Lücke schließen, in dem es Formulierungen anbietet, aus denen sich Dialoge für alltägliche Begegnungen und Gespräche in unterschiedlichsten Situationen bilden lassen. Damit dies nicht konstruiert oder übersetzt wirkt, wurde darauf geachtet das möglichst viele Eigenarten und typische Formulierungen aus der plattdeutschen Umgangssprache mitgegeben werden.

Die Grundlage für das vorliegende Handbuch bildet eine umfangreiche Recherche in der plattdeutschen Literatur aus Vergangenheit und Gegenwart. Aus diesem Grund kann die Schreibweise bei einzelnen Wörtern oder Begriffen unterschiedlich sein und bildet damit auch die regionale Vielfalt der Sprache ab. Dennoch wurde in weiten Teilen versucht, eine Vereinheitlichung der Schreibweise vorzunehmen damit die Texte möglichst überall in Norddeutschland verstanden werden und eine Anwendung im Alltag einfacher umzusetzen ist. Das ausführliche

Wörterverzeichnis dient darüberhinaus dazu, Formulierungen und Grammatik im Kontext zu erklären.

Viele Begriffe passen gleichermaßen gut in verschiedene Zusammenhänge und dennoch wurden Doppeleinträge vermieden. Der Leser ist deshalb dazu angeregt "quer zu lesen" und Einträge in unterschiedlichen Gesprächssituationen zu kombinieren!

Rostock, August 2012

Weiterführende Literatur:

- Sprachführer Plattdüütsch, H.Cyriacks und P.Nissen, Quickborn Verlag

- 2000 Wörter Plattdüütsch, H.Cyriacks und P.Nissen, Quickborn Verlag

- Sprichwörter Plattdüütsch, H.Cyriacks und P.Nissen, Quickborn Verlag

- Der neue SASS, Plattdeutsches Wörterbuch, Wachtholtz Verlag

- SASS Plattdeutsche Grammatik, Wachtholtz Verlag

Sik drepen wullen (Verabreden)

Wat afmaken

Wat geev dat allens to vertellen un to verklookfiedeln!
Wat maakst du egentlich hüüt Avend?
... Ik gah no Olaf.
Ik will (nu) Fieravend maken.
... Ach, wat weer dat schöön.
... Ik koom mol op 'n Stipp vörbi.
Laat uns mol Föffteihn maken.
... Tiet mit di to snacken.
... Keen Schangs.
Na, Steffi - hest du en beten Tiet för mi?
... Ik frei mi al op de Tiet mit di.
... Ik bruuk Sellschop.
Wüllt wi uns drepen?
... Minschenskind, op de Inladung heff ik twee Johr luurt!
... Nee, ik heff in'n Momang keen Tiet.
Weer schöön
... wenn du Tiet harrst.
... wenn wi uns drepen köönt.
... Dat worr mi frein.
... Dor gifft dat jümmers wat to Snacken.
... Is gebongt!
Kannst Du koomen?
... Ik weer ünnerwegens to …
... Wenn nix dortwüschen komen dä.
... Wenn dor nix twüschen kümmt, ...
Fein, dat du kümmst (dat ward seker lustig!)
... Dat worr mi frein.
Dann sünd wi ganz för uns alleen.
... Afmaakt!
... Kann ik mi jo mol överleggen.
Ik mutt mol gau wat mit di besnaken ...

... In bummelig twintig Minuten bün ik al dor.
Laat uns dat mol bekakeln.
... Wenn du dat wullt, ...
Laat uns mol tosamen 'n beten klönen.
... Ik heff (eenfach) keen Tiet dorvör.
Dor mööt wi pattu noch hen.
... Un kumm mi nich to laat!
... Dat warrt nix.
Ik wöör/wörr/würr mi frein, wenn ... (sehen/drepen)
... Över wat schüllt wi snacken/schnacken?
... Ik weet dat nich.
Wat is mit di?
... Sodraad ik kann, suus ik los.
... Ik frei mi doch jümmers,
... wenn ik noch en beten klönen kann.
Kannst du kamen?
... Jo, ik kann (kamen)
... Keen dree Minuten duur dat.
Wat hest du denn vör?
... Ik bün an/bi 't Arbeiden.
... Ik schall mi doch vundaag mit Jess to'n Eten drepen.
Veel to doon?
... Geiht so.
... Ik heff nich veel Tiet,
... Kannst' jo 'n Stück mit lang komen, klöönt wi 'n beten.
Jümmers noch in'n Deenst?
... Jo, aver nich mehr lang.
... Klock twee wullen wi uns drepen.
... Dat kümmt mi goot to pass!
Hörst du mi?
... Wo goot, dat du mol wedder anropen deist.
Will doch höpen, dat wi noch een beten Tiet tosamen hebbt.
... Jo, dat laat uns man doon! - Afmaakt!
Wor bliffst du denn?
... Ik koom, sodraad (as) ik kann.

... Hauptsook, wi kömen nich to laat.
Wi sünd al fief Minuten över de Tiet.
... Ik koom glieks.
... Wi hebbt dat bannig ielig.
Kumm wi mööt uns Baas bescheed geven, kummst mit?
... Ik bün al dor!
... Wenn't sien mutt.

Wo bliffst du denn?

Ruut ut de Puuch, du Fuuljack!
Wer toeerst kummt, mahlt toeerst.
... Ik kaam, wenn he mi fraagt.
Wat gauer du löppst, wat ehrder büst du dor.
... Wat harr ik mi afjachtert.
Wi hebbt Fieravend, warrt ok Tiet!
... Wi harrn dat heel hild.
... Du föhrst stente pe los!
Noch twee Stünnen, denn heff ik Fieravend.
... Ik seh di.
... Ik weet al Bescheed.
Man de Tiet drängt!
... Ik mutt mi eerst mol verpusten!
... Ik bün al siet Stünnen ünnerwegens.
Man de Tiet ielt!
... Ik bün jümmers pünktlich!
... Ik bün nie nich to laat!
Man de Tiet löppt un löppt!
... In twee Minuten fangt de Dogesschau an,
... de mutt ik seh'n.
Nu ward't bilütten Tiet.
... Ik kaam dat annermol wedder.
Nu man nich so nödelig!
... Ik kaam morgen vörbi.
Wo veel Gedüür mutt ik noch opbringen?
... Ik warr kamen!

... Ik will lever morgen (kamen)
Wannehr kümmst Du?
... Ik bün in teihn Minuten bi di (... so lang duurt dat.)
... Geiht dat ok'n beten fixer?
... Ik heff mien Doon in Rostock.
Op 'n letzten Drücker wullt du jo nich ankomen.
... Ik heff dat nich vergeten.
... Ik heff mi dorop instellt.
Weern wi nich so gegen 9:00 verafreed?
... Dat is för mi (ok) to laat.
... Dat passt mi.
Dat kunn later warrn.
... so as jümmer.
Dat duurt man blots 'n poor Stünn'.
... so as annerletzt.
Veel Tiet harrn wi aver ok nich to verschenken.
... Ik tööv op di.
... Dat duurt nich lang.
Wannehr sünd wi dormit dörch?
... Ünner söß, söben Stünnen löppt bi mi gor nix.
... Deit mi leed, aver ik heff keen gode Noricht för di.
Wo lang duurt dat?
... Lütt beten mutt ik noch doon. Man denn, koom ik no di!
Man so lang heff ik noch nie nich op wat töövt.
... Na tööv man, de kriggt wat to höörn.
Wor bliffst du denn?
... Ik heff al twintig Minuten op di luurt.
... Ik kann dat nich schaffen.
... Wi köönt dat nich schaffen.
... Wo schood!
Minsch, jümmers trödelst du so!
... Ik kaam op't laatst Klock twölf.
Licht' dienen Achtersten mol en beten an
... un sehg to, dat du to Been kummst.

Wo sünd de afbleven?

He is in Anmarsch!
... 't wöör ok höochste Tiet.
... Warrt jo höochste Tiet.
Vun Chrischi is nix to sehn ween.
... Dat he kümmt, (dat) steiht fast.
Gediegen, dat he nich kümmt.
... Ik heff keen Ahnung, wo de afbleven sünd.
... All Ogenblick kann he kamen.
... Ik segg Bescheed, ...
Fraag em, of he mitgahn will.
... Wenn he kümmt, fraag ik em.
... He see, he keem nu.
... He see mi, he weer ankamen.
... He see mi, he woor bald törüchkamen.
Teihn Minuten stoh ok hier nu al.
... Oh, dor kümmt he!
... Ik heff em nich funnen.
Wenn he nich glieks kümmt, gah ik weg.
... Ik weet nich, wo he afbleven is.
... Ik dach, he weer fröher kamen wesen/ween/west.
Harr ik dat weten, dat he nich pünktlich is, ...
... weer ik doch noch even gau no ... röverlopen.
Weest du, wannehr/wat he kümmt?
... Dat steiht fast, dat he kümmt.
... He keem, wenn he kunn.
... He hett veel to doon.
... He is al dor.
... He warrt to Huus bleven hebben.
... He keem nich, wo dat doch so regen dee.
Un wat he noch kümmt, weet nüms.
... Seggt hett se nix.
... Den heff ik gor nich fraagt.
... He/Se kümmt mit mi mit.

... He röppt mi an.
Dann kann he mi söken, wenn he will.
... Dat is 'n lütt beten wat later worrn.
Se wull mi't Auto fohren, wogegen he to Fööt lopen wull.
... Nu geiht't los, nu is't sowiet!
He is den helen Dag hier, so dat wi allens besnacken köönt.
... Frei di, dat dat nu endlich so wiet is un glieks losgeiht.
Peter? De is al lang weg.
... He güng weg, ahn dat he Bescheed see.
... Statts dat he to Foot güng, is he mit sien Auto fohrt.
... To de Tiet is he t(o)rüch.
Dor heff ik em dat letzt Mol sehn.
... Un dat heet?
Se sünd al 'n poor Stünn' ünnerwegens.
... De Tiet löppt un löppt nich hen.
Wo is eegentli dien Mann, wat maakt de so?
... Du, de is bi ... Heff lang nix vun em höört. Wat 'n Glück.
... Un gefallt em dat dor?

Sik finnen (Sich finden)

Frogen no den Weg

Blots eerst mol weg!
Ik will no Rostock, will mol wat beleven.
Köönt Se mi woll seggen, wo hier 'n goden Surfshop is?
... Supreme Surf?
... Dat mutt hier jichtenswo ween.
... Jo, dor kiek ik mitünner ok mol langs.
... Dor musst in de Eselföter Stroot.
... Köönt se mi dat woll wiesen?
... Klor, koomt all mit. Ik kenn mi hier ut.
Kann ik helpen?
... Ik will no dat Pakalolo un kann dat nich finnen.
Ik söök de HaiTech Laden, köönt Se mi helpen?

... De Weg dor löppt direkt op't Computer Laden to.
... Se mööt torüchfohren bit Warnemünde un denn ...
... Dor vörn is de Mühlenstraße 34
... Hier gifft dat keen ... beste Fruu.
Wo wiet ist dat? Warrt Tiet dat wi ankoomt!
... Dat is wiet weg.
Wo kann ik ... finnen?
... Den Weg rünner.
... Un denn föhrst du ...
Wo geiht dat langs?
... Oh, dat weet ik nich.
... Dor geiht 't lang.
Ik will an't Meer.
... Mit Auto sünd dat doch knappe teihn Minuten.
... Ik weet noch genau, wo dat weer.
Wo geiht dat hier no 'n Strand?
... Lang de Straat.
... Vörbi an'n Busbohnhoff.
Köönt Se mi seggen, woans ik no de Universität koom?
... Hier sünd Se verkehrt.
Wo gifft dat hier 'n Tanksteed?
... Jümmers liekut bit ... denn bi de Ample no ... afbögen!
Wo kann en hier inköpen?
... To linker Hand.
... Dorlanggohn!
Wo geiht dat hier in dat Zentrum?
... Du musst dor hen.
... Dor geiht't langs.
Hier mööt wi doch links, oder?
... No ... un retour ... op 'n rechten Padd.
... Direktemang
Ik wuss nich, wo ik hen wull.
... Ik bün no ... lopen.
... Denn bün ik ...
... krüüz un queer dörch de Walachei fohrt.

... torüchfohrt
Un wo koomt wi dor hen?
... To Fööt natüürlich.
Is düt de richtige Weg no ...?
... Vun Süden to.
... No Norden to.
Un ik schees hier rüm un söök un söök un söök.
... Wenn Se morgens Klock söss hier affohrt,
... köönt Se morgens Klock söben al in Hamborg sien.
Un wenn'n denn buten Buchholz kümmt,
... denn liggt dor en ...
Un wenn du denn an Rostock vörbi büst,
... Denn kummst Du in de ...
... Un denn duurt dat nich lang, denn kümmt ...
Dor wull ik hen.
... Na denn juckel dor över de Landstraat.
Wi gaht no't Stadtcafe.
... Dor kriegt mi keene teihn Peer hen/rin.
Woso fohrst du denn nich mit 'n Wagen.
... Wi koomt mit langs.
Un besten Dank ok för den Tip!

Wo dat langs geiht

Achtern	(dahinter, hinter)
Afwarts	(abwärts)
Allerwarts	(überall)
Allerwegens	(überall)
Andaal	(hinunter)
Annerwegens	(anderswo)
Annerwarts	(anderswo)
Back	(zurück)
Blangen	(nebenan)
Bihuus	(zuhause)
Bikant	(beiseite)
Bilangs	(nebenher)

Buten[warts]   (auswärts)
Butenvör   (abseits)
Daalwarts   (abwärts)
Dormang   (dazwischen)
Dortwüschen   (dazwischen)
Enerwegens   (irgendwo)
Enerwo   (irgendwo)
Feldan   (feldwärts)
Ümlangsher   (ringsherum)
Opwarts   (aufwärts)
Utwarts   (auswärts)
T(o)rüchwarts   (rückwärts)
Noord/oost/süüd/west-warts
No Hamborg
No Steffi.
Röver över de Straat.
No'n Kroog.
Rin in, rin no de Stuuv
Daal no (daal in, rüner nao, rünner in) Keller

Allens mit de Tiet (Zeit-bezogenes)

Klockentiet

Tiet to'n Nodinken.
Kunn se mi wohl seggen, wat de Klock is?
Wat is de Klock?
Wo laat is dat?
Wo laat hebbt wi 't?
Möögt/Köönt Se mi woll seggen, wat de Klock is?
Dat is
   ... jüst (üm) un bi Klock dree.
   ... fief no dree.
   ... veertel/viddel no/vör dree.
   ... fief vör halvig veer.

... halvig veer.
... fief no halvig veer.
... veertel vör veer.
... veerteihn no teihn.
... achteihn Minuten vör ölven.
... nu al 'n ganze Tiet her.
... Klock fief! (So laat?)
... al fief!
... al (Klock) half söß!
... eerst Veertel (Viddel) no söben.
... is bi Middag rüm.
Ik schall Klock fief / halvig söß / veertel vör söß
... op'n Bahnhoff sien / wesen / ween.
Wannehr fohrt de Tog jümmers no Hamborg?
... Üm Klock söben morgens.
Wannehr geiht de Fleger?
... Klock acht avends.
Bi Klock teihn is he wedder to Huus.
Bi ölben rüm kümmt ... doch jümmers.
He maakt dat Eten to Klock söben.
... Ik treck mi nu an, un du kümmst mit!
In'n Stünnstiet sünd wi dor.
In een Stunn bün ik t(o)rüch.

So löppt de Tiet

Weetst noch?
... Fröher, dor weer ik glücklich.
... Wat hest du di verännert.
Wo weer dat duntomaol?
... En glücklich Tiet weer dat jüst nich ween.
... Dat weer aver al jümmers so.
... So is dat ween.
Wat is passeert?
... De Tiet vergeiht so gau.
... Fröher, dor (hett dat so wat nich geven)

... Allens keem fein tohoop un jüst to rechte Tiet.
... Wi sünd noch nich fardig.
... Siet Weeken is se in mien Kopp .
Ik denk oftins an de Tiet trüch, (as ik ...)
... So is dat, de Tieden warrt jümmer schworer.
Wolang gung dat noch?
... In fief Daag büst du dormit fardig!
... Een Ewigkeit un dree Daag ...
... As wenn du dat noch nienich doon harrst!
Köönt Se sik noch besinnen/entsinn?
... Ik kann mi dor op besinnen, dat ...
... Ik kann mi nich besinnen, ...
Woveel Johren geiht dat al mit ...?
... Meist acht.
... Dat is en lang, lang Tiet.
... So lang ik trüchdinken kann.
So lepen de Johrn hen.
... Veer Weken is dat nu woll meist her.
Un nu wüllt wi op dat Enn to gahn.
... Wat mi dat för Tiet köst hett!
Dat schall, dat dörv nich wedder so lang duern.
... Dat is nu woll al sowat bi teihn Johr her.
... Meist fofftig Johr is't her, dat ...
Aver dat schull jo nu anners warrn.
... Hool blots op!
So lang as ik denken kann ...
... Wat nich is, kann jo noch warrn.
Un wenn en sik dat nu ankiekt ...
... Dat harr't nich geven.
So wat heff ik achteran nienich wedder to sehn kregen.
... Dormit harr allens anfungen.
Eh di versühst, is 't al sowiet.
... Ach, wenn dat doch ok to mien Tiet so west weer!
Harr allns so wiederlopen kunnt, ...
... wenn dat nich wedder en groot Malöör geven harr.

Man dat is lang, lang her ...
  ... Wat löppt de Tiet!
Dammijo, wo doch de Tiet vergeiht.
  ... Wenn ik di dat segg!
Hebbt ji mi dat nich ok al en poor Doog fröher
  ... seggen kunnt?

Immer sutje!

Tiet hett de Minsch, wenn he blots will.
  ... Allens hett sien Tiet.
Mit de Tiet leep allns sienen Gang - as jümmers.
  ... Laat di Tiet.
Wodennig geiht dat nu los?
  ... Aftöven!
Wo lang duert dat?
  ... Tööv mol.
Wo lang duert dat al?
  ... Nimm doch allns 'n beten suutje.
Wo lang schall dat noch duern?
  ... Immer sutje.
Veel Tiet blifft mi nich.
  ... Dat duert sien Tiet.
Dor kannst du lang op töven.
  ... Dat duert nich lang.
Dat hett doch noch Tiet.
  ... In Nullkommanix weer ...
Dat kunn duern.
  ... So gung dat nu wedder (meisto twee Johr)
Dat is nich lang her.
  ... Nu man jümmer sinnig mit de jungen Peer.
Dat is doch nu al över dree Johr her.
  ... Wi kunnen nix anners doon as töven.
So gau as ik man kunn.
  ... Laat di Tiet!
So, nu is dat so wiet.

... Dor kummt denn gor nich mehr op an.
Man nu is dat endgüllig ut un vörbi.
... Lever eerstmol aftöven.
So geiht dat veel Weken.
... Tööv dat af!
Dat güng so en heel lang Tiet.
... So geiht dat nu al twee Johr lang.
Un wenn dat so is,
... denn kummt dat op Johr un Dag un Stünn nich an.
Dat heet, wenn no dat Dösen noch Tiet blifft.
... Dat is nu vörbi.
Un so lepen de Johren sinnig un suutje vör sik hen.
... Sowat mutt 'n jo sutje angahn laten.

Jichenswenn

Nu is dat wedder mol sowiet!
Morgen is ok noch en Dag.
An'n Nomiddag
Hüüt Vörmiddag
Morgen (fröh)
Morgen, Middag, Avend,
Morgen, dor (wüllt wi uns richtig verhalen)
In de fröhe Morgenstünn, ...
Övermorgen.
Op'n fröhen Moondagmorgen.
No't Meddageten.
Bit ehrgüstern.
Merrn in de Nacht güng dat los, so gegen fief.
Den annern Morgen/Middag.
An annern Morrn, ... (noch 'n beten verkatert, ...)
Siet den Dag ...
Siet över twee Stünn' ...
No'n Wiel (de mi as en Ewigkeit vörkamen deit).
So gung dat nu meist twintig Minuten.
Is jo al 'n beten her, ...

... man ik kann mi dor jümmers noch över opregen.
Vun den Dag an (hett dat anfungen)
Dat is man noch heel fröh (in den Morgenstünn)
De sünd vun güstern (Avend överbleven)
Den Dag heff ik dat nich weten.
Op'nmol.
Vun enen Dag op den anner (ut un vörbi).
Dor weer ik mi den helen Dag nich ganz seker.
Eenmol in't Johr...
Vör'n Tietlang weer dat ...
Meisttiets (is dat jo ok so).
   ... faken (oft), fakener (öfter)
Nülichst (hett se sik wedder wat nee's utdacht)
Leste Week (weer ik mol wedder ...)
'n poor Weken loter ...
Annerletzt (weern wi bi ...)
Vundaag (hüüt)
Opstunns
Vunmorgen, Vunmiddag, Vunavend
Dat Wekenenn
Vergang Week
Sommer, Harvst, Winter
Moondag
Dingsdag
Middeweken
Dunnersdag
Freedag
Sünnavend
Sünndag
Binnen dree Maanden.
Hüttodags (is dat anners).
Dütmol (faatst du mi an).

Annerletzt

Annertiets	
Annerdaags	(neulich)
Annerletzt	(neulich - vor kurzem)
Achteran	(hinterher)
All neeslang	(alle Nase lang)
Alltiet	(alle Zeit)
Af un an	(dann und wann)
Betto	(bis jetzt)
Blangenbi	(nebenbei)
Dunnmols	(damals)
Domols	(damals)
Eens	(einmal)
Eersterdaags	(demnächst)
Ennelk	(endlich)
Foorts	(sofort)
In de Twüschentiet	(zwischenzeitlich)
Intwüschen	(inzwischen)
Körtens	(kürzlich)
Letztdaags	(in den letzten Tagen)
Letzt	(letztens)
Letztenns	(letztlich)
Mehrsttiets	(meistens)
Midem	(inzwischen)
Middewiel	(mittlerweile)
(Un denn,) mitteens	(mit einmal)
Mitto /manningmol	(manchmal)
Männichmol	(manchmal)
Nülich	(neulich)
Nülichst	(neulich)
Nahst	(nächstens)
Nööstens	(demnächst)
Nööst	(nachher)
Opletzt	(zuletzt)

Tovör(n)	(zuvor)
Toletzt	(zuletzt)
Toeerst	(zuerst)
To glieker tiet	(gleichzeitig)
Vördem	(zuvor)
Vunavend	(heute Abend)
Vundaag	(heute)
Vunmiddag	(heute Mittag)
Vunmorgen	(heute Morgen)
Vunnacht	(heute Nacht)
Hüüttodoogs	(heutzutage)

Komen un gahn (Kommen und Gehen)

Begröten

Moin mien leve Marcus!
   ... Is dat nich 'n fein Wedder Vundaag?!
Moin un willkamen!
   ... Moin tohoop.
   ... Wat gifft nee 'es?
Tach
   ... Is Jenny al dor?
Goden Dag (Morgen, Avend)
   ... Bün ik to laat?
Scheunen/Schöönen goden Morgen!
   ... Wo geiht, wo steiht?
Dag ok!
   ... Navend!
Je later an'n Avend, je schööner de Gäst.
   ... Schöön, dat wi uns seht.
Dat warr ik Se hoch anreknen, dat Se glieks komen sünd.
   ... Scheun/Schöön is't hier!
Dreept wi uns mol wedder.
   ... Ik wull blots mol kieken, ob hier allns in de Reeg is.

Wo geiht't?
 ... Allns kloor?
 ... Allerbest!
 ... Mutt jo.
Wo(ans) geiht Se (di) dat?
 ... Geiht goot.
 ... Dank ok, dat geiht so. Un wo geiht di dat?
 ... Och, dat geiht. Ik bün tofreden.
 ... Och, mi geiht dat goot. Ik heff nix to quarken.
Dröff ik vörstellen, dat is Jörn.
 ... Dat is mien beste Fründ.
Wo heetst du egens?
 ... Ik bün Scholli, wokeen büst du?
 ... Ik heet/bün Shorty
Wat seggt Se? Wo heet Se?
 ... Mien Naam is Olaf.
Snackst Du platt/(düütsch)?
Wo kümmst Du vun?
Wat för een Arbeit hest Du?

Sik drepen

Man nu bün ik doch noch komen.
 ... Wat 'n Glück, dat wi di drapen hebbt.
Welkeen kümmt denn dor?
 ... Is dat een, den du kennen deist?
Ik heff al dacht, wanehr du woll keemst.
 ... Fein, dat du dor büst!
Ik tööv al siet 'n halve Stünn op di.
 ... Worüm kümmst du nich?
Man goot, dat ik di drepen do, Malte.
 ... Goot, dat du dor büst.
Minsch, Toddy dat wi uns hier drepen dot,
 ... wi hefft uns jo lang nich sehn!
Fein, dat du jüst kümmst.
 ... Wat maakt de Fruu? Goot to Weg?

Na, Peter wonehm wull du denn hen?
... In't Naverdörp.
Wat is dat för'n feinen Dag!
... Wat maakst du eegens hier?
Gode Fahrt hatt?
... Twölf Stünnen weer ik (nu) ünnerwegens.
... Ik wuss nich, wo ik hen wull.
Un nu sünd wi hier.
... Koomt man gau rin!
Un nu bün ik hier.
... Hest du mi vermißt?
Man wo sühst du blots ut?!
... Weet ik sülvst, dat bruukt mi nüms to seggen.
Ik weet nich, wo(r) he bleven is.
... Shorty hett sik verpisst.

Ik mutt nu los

Wi mööt los(gahn)
... Wo is de Tiet blots bleven.
Nu vertellt mi doch blots mol, wat is de Klock?
... Dat is laat worrn.
Adjüüs! Nu mutt ik no Huus.
... Denn will ik di ok nich länger in' Snack opholen.
... Ik kiek weller langs!
Also denn - denn gah ik nu.
... Wat hest dat so hild?
Nu kann't mienswegen losgahn.
... Veel Spooß un Vergnögen wünsch ik!
Wi snackt en annermol – ik mutt los!
Ik much hier blots weg.
Ik kann't hier nich mehr utholn.
Ik heff vun all dat hier genuch.
Ik verafscheed mi nu.
Ik mutt afbreken, holt ju stief.
Ik mutt glieks los, dat helpt nix.

Ik mutt nu los (gahn)
... Du musst/bruukst noch nich gahn!
Ik müch nu Tschüüs seggen.
... Nee, ool Fründ, so laat wi di nich lopen!
... Denn koom ik gliek noch mol wedder rin.
Ik bün för't opbreken.
... Laat uns no Huus gahn, (denn/wiel) dat warrt düüster.
Ik mutt noch wat doon.
... Is al goot, suus man af
Ik will to Klapp.
... Ik hau in Sack un goh slopen.
Kumm, laat uns no Huus föhren.
... Nu will ik mol fief Minuten mien Roh hebben!
Wi gaht no Huus.
... Jo, ok ik mutt trüch (no Huus)
Dörvst Du weggahn?
... Jo, ik dörv.
... Ik dörv mit(gahn).
... Ik gah weg, un du bliffst hier.
Ji schüllt nu weg. Mientwegen.
Dat warrt hoch Tiet, dat ik mi op'n Padd maak
... un no Huus koom.

Verafscheden

Ik glööv, ik mutt so bi lütten ...
... Wüllt wi nich lever noch 'n Laag drinken?
Ik bün denn mol weg!
... Ik dank Di för allens.
Denn bit en anner Mol.
... Dank för den Snack.
... Bün forts torüch.
Schöön, dat wi dor ok mol över snackt hebbt!
... Dat weer en schööne Tiet.
Dat mööt wi noch eenmol maken.
... Hett mi freit, villicht draapt wi uns jo mol wedder.

Bet anner Mol!
   ... Wüllt höpen! Tschüüs ok!
   ... Tüüs/Adjüüs!
Ik kiek morgen wedder rin.
   ... Tschüüs solang', bit morgen!
Tschüüs denn ok, (ik mutt noch Mathe maken)
Tschüs denn, bit to'n negsten Mol!
Na denn, tschüüs!
Up Weddersehn!
Is al goot! Heff al verstahn! Bün al weg!
Kaam wedder!
Gode Nacht!
Gode Fohrt!
Kiek mol wedder in!
Grööt Se to Huus!
Grööt Se Höppi vun mi.
Maak 't goot, Wurbser!
Veel Spooß!
Bit Morgen!
Laat mol vun Di höörn.
Meld Di mol wedder.
Wi mööt uns bald mol weddersehn.
Un schöönen Tach auch noch!
Schöönet Wekenenn!
Schöönen Fierdag!
Ik wünsch Di/Ju schööne Ferien!
   ... Gode Reis!

Ik wünsch di wat!

Een Glück, nu sünd se all weller weg!
Hool di fuchtig!
Hool di stief!
Hool di munter!
Ik wünsch di wat.
Ik wünsch di allens Gode.

Ik wünsch di en wunnerbor Dag!
Ik wünsch di Glück, hüüt un alltiet.
Maakt se dat goot!
Maak dat goot!
Kumm blots bald mol wedder!
 ... Jo, dat weer't doch.
Laat Se sik dat goot gahn!
 ... Wees man froh, dat di ok dat nich passeert.
Laat ju dat goot gahn.
Dat schall di goot gahn!
Bliev du gesund, heel goot to Foot, behool den Swung.
Also eerstmol bet denn.
Gratuleeer di ok.
Ik gratuleer ok'

Blots een Fraag (Fragen stellen)

Frogen

De veel fragt, warrt veel wies.
Wat ik di al lang fragen wull.
Nix för ungoot, dörf ik Se mol wat frogen, ...?
Man eens will ik nu doch noch weten: Woso ...
Wenn ik noch mol even frogen dröff, ...
 ... wo sik dat hiermit verhöllt?
 ... Is di dat ok al opfull'n?
Kann ik Di wat frogen?
 ... Wenn 't wieder nix is.
Blots een Fraag noch, ...
 ... Hebbt Se en Ogenblick Tiet?
Schatz, segg mol, keen to'n Düvel is denn Schopenhauer?
 ... Heff ik annerletzt in so'n plietsches Book funnen.
Dank in Vörut!
 ... Ach wat, dor nich för.
Ik wüsst giern ...

... Woso, fragst du?
Ik much giern weten ...
... Op so 'n dösigen Frogen anter ik nich!
Ik much jo to geern weten wokeen dat hier is?
... Weet ik ok nich.
Meenst dat?
Glöövst dat?
... Weet ik doch nich.
Un wat deist du ...?
... Mol dit, mol dat.
... Ik tüdel so rum.
Dörf/kann een hier ...?
... Ne, dat 's mol kloor, dat ...
Hebbt Se ...?
Hett dat ween mußt?
Hest du ...?
Hest dat al höört?
Magst dat lieden?
Kann ik ...?
... Mienwegen.
Kannst Du dat?
... Ik kann dat.
Kunnen Se mi ...?
... Nee, do ik nich, heff dor ok gor keen Tiet to.
Kunnst du mi bi ... helpen?
... Heff ik di erst lang un breet vertellt.
Köönt Se mi woll seggen, ... ?
... Dor mutt ik jüst mol even överleggen.
Köönt Ji dat?
... Wi köönt dat.
Tööv mol, nu fallt mi wat in,
... wat ik di al jümmer frogen wull.
Ik fraag di nu, ...
... dormit du achteran nich wedder meckern deist.
Is di dor mol wat ünnerkamen?

... Dor wöör ik wat üm geven.
Dammi, wat is blots los mit di/mi?
... Dat is wegen ...
Is dat allens?
... Nu vertellt mi doch blots mol ...
Gifft dat hier ...?
Büst tofreden?
Büst du di seker?
... Wiß doch!
Kannst du di dor noch op besinnen ...?
Kann dat angahn?
Un wat warrt dat denn?
Dröff ik noch mol inkieken?
Dor is doch woll nix malöört?
Is wat malöört?
... Magst woll seggen.
... Ik heff dor en leidige Sook an de Hacken.
Segg mol, büst du eegentlich glücklich?
... Weet nich.
... Heff dor nie nich sünnerlich veel Gedanken ...
... över verswennd't.
Dor bün ik aver gespannt, wat du dor to seggen hest!

W-Frogen

Wannehr?	(wann, zu welcher Zeit)
Worüm?	(warum)
... Dorüm!	
Worüm hest du dat doon?	
Worüm starrt Se mi so an?	
Wekeen?	(wer)
Welkeen?	(wer)
Wel?	(wer)
Wokeen hööert dat to?	
Wokeen is dat; seggt dat denn?	(wer)
Wokeen weer dor?	(wer)

Wodat?	(wieso)
Wodennig?	(wie)
Woneem is mien Beer; (weer dat)?	(wo, wohin)
Woans?	(wie)
Woans is dat blots mööglich?	(woran)

Woans liggt dat an?

Woan hest du dat (an) markt?	(auf welche Weise)

... Kannst' di jo denken.
Wo kunn dat passeern?
... Keen Ahnung; weet ik nich

Wo lang?	(wo)
Wo lang harr dat eegentlich duurt?	(wie lange)

... Twee bit dree Stünnen.
... Dörtig Johr blot?

Wo veel?	(wie)

Wo hest du dat denn trechtkregen?

Wo kunn dat malören?	(wie)

Wo kümmst du dor op? (Wo kummt Se denn dorop?)

Wo dat woll so is, dat /wenn ...	(wieso)
Woso?	(wieso, warum)

Woso (dat denn nich)?
Wo schall dat goot för ween?

Woveel?	(wieviel)
Wol?	(wer?)
Woher wullt du dat weten?	(woher)
Wohen geihst du?	(wohin)
Wono?	(wonach)
Woröver?	(worüber)
Wovör?	(wovor)

Wovun? (wovon, woher, warum - auch: vun wat?)

Woto? (ok?)	(wozu)

... Blots so.
... Wat weet ik.
Wat kunn ik dorför dat ik se so unbannig leev heff, de Steffi?
... Na, ik wöör seggen...

Ween (sien ... is dat)?
  ... Mien is dat nich
    ... Sien is dat.
    ... Dat höört uns.
    ... Dat höört em to
    ... Dat höört mit to!
Wokeen dat gehörn deit, weet ik nich.
Weest du, wat dat is?
Weest du noch?
Wat ik mi jümmer fraag, ...
Weer dat würklich so?
Wüllt wi üm twee Buddel Beer wetten?

Wat?

Wat (is)?
Wat is loos?
Wat nu?
Wat meenst?
Wat freugst du?
Wat för'n (... is dat)?
Wat gefallt di op best?
Wat schall ik hier?
Wat schall ik maken?
Wat maakst du wenn, ... ?
  ... Dat kriegst du noch to weten.
Wat maakst du denn hier?
  ... Och, nix - Tofall, heff hier wat to beschicken.
Wat maakt wi denn?
Wat hest Du seggt/maakt?
Wat hest Du denn anstellt/vör?
Wat hest denn nu al wedder utfreten?
Wat hest du dor denn?
  ... Wat schall dormit ween?
Wat denn anners?
Wat? Dat's doch woll nich wohr!

Wat seggst du dorto?
Wat seggst du denn nu blots?
Wat schull nu warrn?
 ... Nix bi to maken.
Wat is nu?
Wat is mit di?
Wat nu?
Wat weer dat? (Wat weer denn los?)
Wat ik dor Lust to harr? Nö!
Wat is denn mi di los?
 ... ik tüdel so rüm.
 ... ik sinneer vör mi hen.
Wat maak ik nu?
 ... Ik denk över no
 ... Dat weet ik doch nich.
Wat büst du doch för'n kloken Kopp.
Wat wullt du?

Do mi een Gefallen

Nu heff ik noch mol wat to fragen ...
Ik bitt Se ...
 ... Pass op! Seht to, dat ji Land gewinnt.
Kümmst mol even?
 ... Ne, velen Dank. Nich mehr nödig.
Kannst du mi dat mol verklaren?
 ... Hüüt is dat - ok bi uns - gang un gäbe.
Wullt du, oder schall ik?
 ... Maak du man.
Maak dat du fardig warrst!
 ... Dor heff ik keen Tiet to.
Laat uns man maken, dat wi fardig warrt!
 ... Maak to!
Do mi een Gefallen, ...
 ... Roopt Se mi an!
 ... Gahn Se no Huus!

Laat di wat infallen.
 ... Dat mutt ännert warrn.
Mutt dat all ween, wat nu passeert?
 ... Dat kummt dor op an.
Worüm kümmerst du di üm?
 ... Ik will ... , nix anners.
Dat köönt wi keeneen vertellen.
 ... Nix för ungoot.
Dat mööt wi för uns beholen.
 ... Man bi uns weer dat düttmol anners.
Dat is dat, wat ik will, un wat ik al jümmers wull.
 ... Meenst' dat?
 ... Dat harr nich nödig doon.
Segg mol wat.
 ... Köönt Se nich mol ganz eenfach de Snuut holen?
Dor will ik hen.
 ... Kannst Du di dat marken?
Ne, Dank ok.
 ... Dorför nich.
Maak, dat du fardig warrst!
Laat uns man maken, dat wi fardig warrt!
Na, nu koom man!
Dat deit doch nich nödig.

Helpen

De veel fragt, kriggt veel Antwort.
Tschulligung ....
 ... Ik heff mi asig in't Tüüg leggt un ...
Bruukst Du wat?
Bruukt Se ...?
Fehlt wat?
 ... Nö, ik dank di aver.
Is allens goot?
 ... Velen Dank. Dat is een grote Hölp.
Kann ik di wat helpen?

... Nett, dat du frogen deist.
Kummst du torecht?
... Wenn ik dat man wüss.
... Laat mi man.
Se weet Bescheed?
... Vertell!
Wullt du mi nich vertellen wat los is?
... Wenn 't genau weten wullt, ...
Wat liggt an?
... Mit all dat mutt ik mi rümplagen.
Liggt noch wat an?
... Weet ik nich, laat mi överleggen.
Dat sünd jümmer de sülven Frogen.
... Och, dat is doch ganz verscheden.
Wo kann ik denn bi helpen?
Un wat kann ik di dorbi helpen?
Kann ik woll helpen?
Kann ik helpen?
... To laat. Deit nich mehr nödig.
Ik segg velen Dank för ...
Dank ok; Dusend Dank.
... Dor nich för.
Dank ok veelmols.
... Heff ik doch geern doon.
Ik heff Se to danken.
... Woans köönt wi dat wedder gootmaken?
Wat is mit di denn los?
... Mi is kotterig.
... Nich to översehn. Un wat is los?
... Nix egens. Nich veel. Is blots ...

Jo, wat denn?

Fragst Du oder wullt du't blots weten?
Freist' di dor denn gor nich to?
... Do ik.

Wat schull ik maken?
... Woans verkloor ik di dat?
Jo, wat denn?
... Nee, dat is nix för mi.
Also, wat wullt du nu eegentlich?
... Man her dormit.
Geern – lever – op't leevst.
... Ik verstah dor nix vun.
Aver wiß doch!
... Ik wull jümmer geern helpen, aver ...
Ik help di dorbi!
... Dat freit mi, ...
Ik do dat för di.
... Ik geev mi Möh.
Ik will helpen. (so lang as ik kann)
... Dor kannst di op verlaten.
Ik help morgen.
... Dor warr ik mi üm kümmern.
Denn will ik mi dor üm kümmern.
... Dat geiht kloor!
Dat is doch nich toveel, dat kriegt wi ok hen!
... Dat freit mi, dat ik di behilflich ween kann.
Ik will so geern helpen, kann dat aver nich,
... wiel ik gor keen Ahnung heff.
Kann ik nich.
... Woso nich?
Nee, allens wat recht is, dat schaff ik nich!
... Nich för ümsünst.
Dor kann ik nix bi doon.
... Dat mööt Se al alleen maken.
Nee, deit mi leed, dat kunn ik nich maken.
... keen Tiet; ik mutt (würklich) arbeiden
... ik heff to doon.
Sowiet (as) he mi helpen deit, help ik em ok wedder.
... Un wat doot wi nu?

Na, wenn't wieder nix is, mit Arbeit kenn ik mi ut.
 ... Na jo, denn will ik mi dat mol dör 'n Kopp gohn loten.
Kann ik noch jichtenswat för di doon?
 ... Wat deit man nich all för ...

Dat is jo gediegen (Überraschungen)

Geheemnissen

Koom rin un schnack/snack di ut, gah rut un hool dien Snuut.
Du schallst mi dat nu endlich seggen, ...
Rut mit de Spraak!
 ... De dörft dor blots nich achter kamen.
Kannst du swiegen? Denn will ik di mol wat verroden.
 ... Ik kann mien Sabbel hollen.
Nu mol ganz ünner uns, ...
 ... Dat hett mi neeschierig maakt.
 ... Na, mi geiht dat jo nix an.
 ... Wat mi angeiht, ik weet vun nix wat af,
 ... un sehn heff ik ok nix.
Hest du dat al höört?
 ... Mi warrt jo woll överhaupt nix mehr vertellt, wat?
 ... Wat Se nich allens utplappert.
Hebbt Se dat höört?
 ... Denn is dat jo man goot,
 ... ik krieg dat rechttiedig to weten.
 ... Dumm Tüüch - wat geiht mi dat an?
 ... Is wohr?
Wi weet vun nix! Versteihst mi? Gor nix!
 ... Un woso vertellst du mi dat nu allens?
 ... Verspreek mi dat in de Hand!
 ... Kloor, düsse Geschicht blifft ganz ünner uns!
Schall ik Se wat verroden?
 ... Ik vertell dat ok nich wieder.

Dat köönt wi keeneen vertellen.
 ... Wo weest du dat denn her?
 ... Wenn dat stimmen wörr, wat du dor vertellst, denn ...
Dat mööt wi för uns beholen.
 ... Dat mutt ik denn ok nich weten.
Dat bruukt se nu jo jüst nich to weten kriegen.
 ... Ik heff nich mol wußt, dat ...
Segg man lever, du hest dat vergeten.
 ... Een mutt doch de Wohrheit seggen.
 ... Ik dörf hier nich swiegen.
Aver dat mööt wi jem jo nich seggen ...
 ... Dat gehöört sik so ...
Doröver heff ik bit nu mit noch nüms snackt.
 ... Nich mol mit mien Mudder.
 ... Ik hool jo al mien Muul.
Swiegen is in düssen Momang beter.
 ... Üm dat fasttostellen, (müss wi/ik eerst mol ...)
Ik heff düsse Geschicht noch nie nich vertellt.
 ... Man hüüt mutt dat rut!
 ... Na, dat laat man no.
Tell een un een tosamen un wüss nu genau Bescheed.
 ... Dat heff ik nie nich rutkregen.
Aver bilütten keem dat denn doch so Stück för Stück
 ... an'n Dag.
 ... De hebbt förwiss all spitz kregen,
  ... dat hier wat nich stimmt.
Lang harr ik dat sowieso nich mehr utholen.
 ... Harr ik mi op di blots nich verlaten!
 ... Bün neeschierig, wat Vaddern dorto seggen warrt.
Weest Bescheed?
 ... Wat geiht di dat denn an?
 ... Ik heff dat Muul hollen. Versteihst du?
Nu weer dat no all de Johrn doch noch an't Licht kamen.
 ... Dat hest du blots nich mitkregen.
Un nu segg mol, ...

... Un dor schall ik di nix vun vertellt hebben?
... glööv mi dat.
Dat's doch woll nich wohr!
... Hett he mi sülvst vertellt.
... Wenn se dat seggt, warrt dat woll stimm'.
... Se weet jo ümmer över allns Bescheed.
Weet ik wull, weet ik allns!

Dunnerwedder!

Kummt allens anners as dacht.
Dunnerwedder! Dat harr eenfach so komen müsst.
Överraschung!
Mien leever Scholli!
Kiek an! Wat dat nich allens gifft?!
Nu kiek di dat (mol) an!
Op düssen Momang heff ik ... luurt!
Ik heff jo jümmers blots dorvun höört,
... man ik heff dat eenfach nich glöven wullt.
Dat is een starkes Stück!
Dat is doch al wat!
Dat is jo gediegen!
Dat is 'n Ding!
... Nich uttodinken!
Dat kann nich angahn!
... Heff ik di doch vertellt!
Dat kunn je wull nich angahn!
Dat is doch wull nich mööglich!?
Dat is doch schier unmööglich!
Dat sowat passeern kann,
... is een Schietdreck dorgegen.
Ik warr verrückt!
Ik bün vun de Socken!
Ik bün/weer baff!
Dor warrt doch de Hund in de Pann verrückt!
Wo to'n Düvel, ...

Ik föhl mi ohnmächtig
   ... un dat Geföhl kann ik op 'n Doot nich utstohn.
Verdamminochmolto, dat süht jo gräsig ut!
Wat heff ik mi verjaagt!
Mi is meist dat Hart in de Büx rutscht.
Junge du, harr nich veel an fehlt, un ...
Dor büst du vun de Socken.
Wat'n Opregen aver ok!
Dat Unglück nehm sienen Loop.
Wat de Minschen sik nich allns utdenken doot!
Ik krieg dat Lachen.
   ... Dat glööv ik geern!
Segg mi doch een, dat ik blots drömen do!
Dat is nu komen, as wi denkt.
Jung, wat hest du mi verfeert!
   ... Ik heff mi nich minner verjaagt.

Wenn dat nich wat is!

Nu kiekt jo dat an!
Ik bün baff!
Kümmt allens so, as 't komen mutt.
Also, wenn dat nich wat is!
Sowat harr ik noch nie nich sehn!
Kann gor nich angahn!
Dat stell man sik mol vör!
Na, wat seggt ji? Is dat wat?
Wat kann en nich allens beleven!
Wat'n Welt!
Wat wunner.
Wat de Lüüd sik infallen laat!
In't Leven wörr mi dat nich passeern!
Sowat aver ok, ik bün totol vun de Socken!
Aver nu heff ik dat mit eegen Ogen sehn.
Alleen sik dat man vörtostellen ...
Nix vun dat, wat en denken schull.

Dat alleen möök al Indruck.
Dat schöönste kümmt noch!
Dat wunnert mi nich!
Ik wunner mi blots, dat ik dor nix vun markt heff.
Ik wunner mi.
Ik verstah dat nich!
Ik glööv dat nich!
Ik kann't nich glöven!
Ik bün jo een Dussel!
Na, ik bün gespannt!
Harr ik dat wüsst!
Heff gor nich wusst, dat du so ...
Mit'n Mol weer ...
Jungedi, dat weer je nu ganz wat anners!
Jung, wat dat all gifft!
Junge, dor is wat los!
Meinzeit, weer dat'n Opregung!
Wat för een Spektokel!
Minsch, wat'n Wunner!
Un nu kümmst du!
Dor warrt de Köter in de Pann verrückt!
Dat is doch fein, dor frei di man an!

Ach wat?

Ach wat?
Nanu?
Gediegen, nich?
Na, wat seggt Se dorto?
Dat kann jo eegentlich nich so schwoor ween, oder?
Dat meenst du nich eernst?!
Is dat een Wunner? (dat'n)
Is wohr?
Büst du mall?
Büst du kloor?
Woans kann dat denn passeern?

Worüm is dat so?
Worüm jüst mi?
Worüm hest (mi dat nich fröher seggt?) Heff ik doch! Hest
Woso ik?
Du nich!
Woso seggt enen keen Aas, woans dat geiht?
Wokeen harr dat dacht?
Wokeen is dor blots op komen?
Wo kunn dat blots angahn?
Wo kummst Du dor op?
Versteihst mi wull?!
Verstah ik nich, dat een sik so opregen deit.
Un wat schall dat?
Un wat is los? Nix egens. Nich veel. Is blots, ...
Un woso hest du mi dor nix vun vertellt?
Schull dor wat an ween?
Wat wüllt Se nu denn doon?
Wat schull ik nu maken?
Wat schull nu warrn?
Wat hest du maakt?
Wat schall ik?
Wat schall dat (allens)?
Wat schall en dor nu to seggen?
Wat schall en (dorto) nu seggen?
Wat schall dat denn heten?
Wat is dat denn?
Wat is denn nu al wedder (los)?
Wat nu?
Wat wullt du dormit seggen?
Denn vertell mol!

Verbaast

Ach du leeve Tiet!
    ... Wullt du mi verdummbüdeln?
Damminochmol!

... So kann dat nich wiedergahn!
Dor fallt mi doch eenfach nix to in.
... (Dat is) nich to faten!
Dor hebbt se uns (mit) anscheten.
... Dat kann man/een/'n nich faten.
Dat kunn (jo woll) nich angahn!
... Dat geiht nich reell to, dor is förwiss ... in't Speel.
Dat hoolt mien Nerven nich ut!
... Dat warrt jo jümmer beter!
Dat gifft dat (jo wull) nich!
... Dat mutt ik nich hebben.
Dat is doch een Schann.
... Man mit ... , dor heff ik würklich een Problem.
Wat seh ik un troo mien Ogen nich!?
... Wat schall dat denn/ween!?
Dat dörf nich wohr wesen!
... Oh, wat kümmt nu?
Se hebbt mi ansmeert.
... Un nu?
Sowiet kümmt dat noch!
... Also, dat gifft dat jo woll nu nich!
So 'n Schiet!
... Un wat passeert?
... Nix!
Bilütten harrn wi ok de Wut kriegen kunnt.
... Man ännert sik dor wat vun?
Ik kreeg glieks enen toveel!
... Ik kann dat op den Doot nich utstohn.
Mi löppt dat ieskoolt den Rüch hendaal.
... Nienich in't Leven harr ik dacht, dat ...
In mi brüllt allens:
... Höör blots mit de Frogen op!
Na den Schreck sett ik mi hen.
... Dat is/weer villicht een Theater.
Güng wedder loos, dat Apentheoter.

... Du kannst mi bilütten op 'n Wecker gahn.
Nie un nümmer, sowat vun lögenhaftig!
... Mi köönt se all mol, krüüzwies, versteihst'?!
Een gröttern Beschiß hett dat jo wull noch nich geven.
... Weetst du, ik verstah de Lüüd eenfach nich!
Ik meen, dat mutt doch wull jedeneen begriepen.
... Also düsse Typen kann ik jo nu so un so nich af.
För so wat schull dat egentli 'n Tracht Prügel geven.
... Tööv! Dat kriggst du wedder.
Un ik Törfkopp, ik harr dacht, ...
... Mi fallt nix mehr in!

Süh!

Anscheten!
Süh, denn weet en, nix in't Leven is …
Ach nee!
Sühst du, ...
Sühst wull!
Dor weer jo wedder wat los (in't Dörp).
Seht Se, ...
Na bitte, wat ik seggt heff.
Pustekoken!
Un nu dröfft Se mol roden, wokeen ...
Kannst di utsöken.
… ik weet dat nich.
…, dor kann ik op af.
Nu sühst du, wat dor bi rutkümmt!
Nu weest (du) Bescheed.
Ik weet Bescheed.
Du weetst dat doch nipp un nau.
Wo du nich allerwo an dinken musst!
… in Kroom passen deiht.
Dat du mi nix dorgegen seggen deist!
Dat will ik menen.
Dat heff ik mitkregen.

Dat kunn nüms översehen.
Dat is mi ok so gahn.
Aver nee, nix dor.
Ik will dor nich veel üm snacken/schnacken.
Ik krieg dat lachen!
Dor lach ik över!
De Lüüd mööt dat doch weten, dat ...
Mi is dat schietegool.
Dat is mi puttegool!
Dor kannst op af!
Wat 'n Malöör!
Nix för ungoot!
Ik denk, mi luust de Aap.
Sühstwull, mien Jung, dat kümmt dorbi rut!
Oh Mann, wat dat all'ns gifft!
Dat is jo gediegen. Reinweg gediegen!
Nu is 't passeert. Nu hebbt wi den Kladderradatsch.

Momang!

Momang!
Ogenblick!
Dor full mi forts in, ...
Solang as ik mi besinnen kann, ...
Gediegen weer man blots, dat ...
Heff ik di dat nich seggt?
Momang, nu fallt mi dat mit eenmol in, ...
Wat is dat denn nu wedder?
Ogenblick mol!
Kann doch nich angahn!
Dat heff ik mi al lang dacht.
Man so kunn dat nich wiedergahn.
Eegentlich heff ik mi dat hier beten anners vörstellt.
Dat is gor nich so licht to.
Schallt Se doch Ehren Bregenkassen mol in, Minsch!
Wo süht dat ut? ...

Blots to'n Bispeel, ...
Wenn ik mi dat bekieken do...
..., as wenn ...
Dat seggst du so!
Un ik dach al, ...
Ik kann mi al denken, ...
Mi is nu al kloor, ...
Man goot, dat...
Mach aver ok ween, ...
Wat weet wi, ...
Un wat wullt du dormit seggen?
Aver jüst dorum ...
Laat dat ween as dat is, ...
Kannst woll marken, dat ...
In Gegendeel, ...
Gor nich uttodinken, ...
Dörf ik mol een'n Vörschlag maken?
Wo weer ik stahnbleven?
Mitünner fraag ik mi, ...
As ob mi dat wat scheert.
Man segg doch sülvst: ...
Wat meenst du wull, wodennig du di argern wöörst, wenn ...
Un nu segg nich, du weerst dat gor nich!
Wees doch mol ehrlich; dat is doch 'n olen Hoot.
Un - nu mol Hand op 't Hart - glöövst du denn, ...
Dink mol no!
Mark di dat!
Weetst du, ideal weer dat jo, wenn ...
Man nich, dat du nu denkst, ik tüdel di hier wat vör.
Keeneen weet, wat allns noch passeert.

Ik will mol seggen

Ik will mol seggen, ...
Ik stell mi vör, ...
Ik weet nich, ...

Ik glööv, dat weer goot so.
Ik heff överleggt, ...
Ik weet jo nich, ... , aver wenn ik ...
Nu weet ik dat, mi is allens kloor,
   ... Ik bruuk dor gor nich lang rümsabbeln.
Dat is man so, ...
Dat is jümmers dat sülvige Speel.
Dat segg ik jo, ...
Dat dat mol kloor is, ...
Eens will ik dor mol vertelln, ...
All wat ik seggen kann, is, dat ...en, ...
Na, laat mi dat mol so seggen ...
(Un) wat schall ik seggen, ...
Se warrt dat nich glöven!
As dat jümmer so is, ...
Un as dat so is, ...
För mi stünn fast, ...
Ehr dat so wiet kümmt, ...
Bi mi is dat so, ...
(Aver,) ik mutt togeven, ...
Opregen doot wi uns jo normol so licht nich.
Aver weet ji wat argerlich is? ...
Wenn ik dor genau över nodinken do, ...
Un wat noch ganz wichtig weer, ...
Kinners, nu mol ganz ehrlich, ...
So heff ik mi dat vörstellt, kann jo ok gor nich anners sien.
Dat Getuschel weer groot.
Petra harr allns bestens in'n Griff.
Un so weer't doch ok, ...
Mit Möh un Noot ...
Stell di mol vör, ...
Nu geiht de ganze Krempel wedder vun vörn los.
Dor kannst seggen, wat du wullt, dor stickt wat achter.
Ik meen, ik glööv, dat sik dor wat an ännert mütt.

Vun Geföhlen (Gefühle)

Allns kloor?

Allns kloor?
   ... Fix un fardig mit Jack un Büx.
   ... vun all de Puckelee tohuus.
Wo is't?
   ... Mutt jo.
   ... Bi mi jüst so.
Wat fehlt di?
   ... Nix, dat löppt allerbest.
Is wat mit di?
   ... Wat mi op'n Mogen liggen deit, is man: ...
Büst krank?
   ... Mi geiht't nich sünnerlich goot.
   ... Gode Beternis!
Wo geiht di dat?
   ... Op un daal
Kummst du torecht?
   ... Wat mutt, dat mutt.
   ... Froog mi wat anners!
   ... Hööchstallerbest!
Man wo sühst du blots ut?!
   ... Man, dat keem mi nu tähmlich bekannt vör.
Un wat drückt di so op de Seel?
   ... De Saak is de, dat ik dor eenfach nich mit kloorkoom,
   ... mit dat Problem ...
Na wees nich trurig, un maak di dat Hart nich so swoor.
   ... Wi köönt maken, wat wi wüllt.
Föhlst du di nich goot? Büst böös dör 'n Wind?
   ... Bruukst du 'n Glas Water oder 'n Beer?
Sünd Se denn tofreden?
   ... Afsluut!
   ... All Doog datsülve: Arbeit, nix as Arbeit.

Man sünst geiht uns dat teemlich goot.
    ... Nu heff ik mi Sorgen maakt.
Worüm büst du so trurig?
    ... Du warrst mi dor wiss ok nich helpen könen.
Büst nich op 'n Damm?
    ... Och, wat heet op 'n Damm - kannst di nich utsöken
    ... will man noch tofreden sien.
Bi mi is dat so, ...
    ... aver een warrt jo noch drömen dörpen.
    ... un mit een Mol wüss ik ...
Dat weer so, dat ik dat nie nich vergeten warr.
    ... Dat deit mi jo ok bannig leed.
Ik weet jo, wor ik mi op inlaten heff.
    ... Nu maak di man nich in de Büx.
Wat is mit di denn los?
    ... Ik versöök ruhig to warrn.
    ... Ik kann nich dorgegen an.
    ... Ik bün dor bang vör.

Dat gah di woll!

Frei di man to dat Leven!
Wo geiht di dat?
    ... allerbest. Hööchstallerbest!
Mensch, is dat hier komodig.
    ... föhlt man sik so rech tofreden.
An all dat kann ik mi denn wedder vun Harten frein.
Ik verknuus dat.
Ik bün (so recht) tofreden (mit mi un de Welt).
Ik weer tofreden un dankbor.
Ik weer vull Moot un Toversicht.
Dat lett een dat warm üm't Hart warrn.
Dat harr nich beter kamen kunnt!
Dat fangt jo goot an.
Dat is jo fein.
Dor mutt en dankbor för ween.

Dat Leven geiht wieder.
Un wat schall ik seggen, dat klappt ganz wunnerbor!
Dat is goot, dat is schöön, un dat funkschooneert ohn Wöör.
Ah, wo hebbt wi dat doch goot!
Ah, wat'n Glück!
Dor freist di, nich?
   ... Dat weer jo jüst mien Ding.
   ... Wat heff ik för'n Spooß hatt!
Denn is dat je man een Glück.
Wo herrlich is doch so 'n ...!
To un to schöön!
So'n beten ... deit mi bannig goot
   ... un achteran föhl ik mi eenfach wunnerbor!
Denn bün ik tofreden.
Gode Betern!
Nu, loot man nich glieks den Kopp hangen.
Sietdem (dat) de Sünn schient, is he ok beter toweg.
Wunnerbor!
Juchheien harr ik kunnt.
Man ik weer mi in dissen Momang nich seker:
   ... Weer dat nu 'n Droom?
Segg mol sülven, hefft wi dat nich goot?
So lett sik dat utholen, wat?
To'n Glück ...
Jo, ik heff nich blots Glück, ik bün ok glücklich.
Glück delen heet Glück verdubbeln.
Woneem heff ik dat eegentlich verdeent?
Sühst du woll
   ... nu geiht bargop!
   ... nu geiht' bargdol.

Freid un Spooß

De een or anner grien sik een.
So kann de Dag anfangen.
Op mien Mitarbeider bün ik jo so stolt op!

Ik heff dor een Masse Spooß an!
Man, wat güng mi dat goot!
 ... Wat hebbt se mi all betüdert.
Wat weer dat för een Spooß!
Wat heff ik för'n Spooß hatt!
Ik bün tofreden.
Dat hett (richtig) Spooß maakt.
Dat weer jümmer een besünnern Spooß.
Dat maakt eenfach mehr Spooß.
Un weet ji wat dat schöönste is?
Allns wörr bestens utklamüstert.
Dat freit mi.
Laat sik dat goot gahn!
Ik frei mi op ...
Ik frei mi de ganze Tiet dorop, dat ...
Ik freu mi heel dull!
Ik heff mi (dull) freit.
Ik freu mi jümmers, wenn se uns besöökt.
Ik weet, wo ik nu lever weer.
Dor frei ik mi to.
Mann, heff ik mi freit.
Wi mi dat freit!
Wat weer dat schöön.
Wat güng mi dat goot.
Hier kann ik dat nu utholn.
Hier gefallt mi dat.
Mi gefallt dat. To un to fründlich.
Uns geiht dat hier goot!
Wi wüllt hüüt fiern un Spooß hebben.
Nüms harr mehr Vergnögen as ik.
All Neeslang gifft dat bannig wat to lachen.
Is nich so, dat mi wat fehlt.
 ... Na, denn hebbt Se jo Glück hatt.
 ... Dat kann man so un so sehn.
Wat gifft dat Schööneres, as ...

Ik kunn dat gor nich aftöven.
Bannig neeschierig bün ik.
Ik bün so opregt un kann dat meist nich aftöven bit ...
Mann, wat hefft wi uns freit annerlest,
   ... as Maike uns inlaadt hett.

Unbehagen

De keen Sorgen hett, de maakt sik wölke.
Nee du, gah mi af - fix un fardig bün ik!
Ik bün fardig mit Jack un Büx.
Ik heff/harr böös Manschetten.
Ik kunn in de Büx scheten.
Ik kann dat nich (mehr) lieden.
Ik kann dat nich ustohn (, wenn ...)
Ik weer/bün reinweg vertwiefelt.
Ik kann dat kuum utholen.
Ik mag dat nich hebben (, wenn ...)
Ik kann dor nich (mehr) över lachen.
Ik bün/weer mucksch/bedrüppelt.
Ik hool dat nich ut. Un nix för ungoot.
Ik kunn't nich mehr utholen
Ik bün dor mit dörch.
Ik bün bang, ik stah dat nich dörch!
Ik kann dat op'n Doot nich af.
Ik bün förwiss nich pingelig, aver ...
Dat fallt mi nich licht.
Dat is nich to erdregen.
Dat güng mehr slecht as recht
Dat geiht mi an't Hart.
Dat mutt ik nich hebben.
Dat maakt een doch reinweg ganz jibberig.
Mi is so'n beten bang dorför.
Mi is plümerant to moot.
Mi sleit dat op'n Mogen. Ik kann dat nich af!
Mi warrt/worr dat (allns) to veel.

Mi weer gor nich goot vundaag.
Mi geiht dat hüüt so klöterig.
Mi is (ganz) kotterig (tomoot).
Mi gruut vör den/dat...
Mi weer dat, as harr ik mi sülm verköfft.
Mi is schietenbang.
Mi is so'n beten gammelig tomoot; plümerant.
En hett dat nich licht.
 ... Beten mulmig weer mi al tomoot.
Kinners, mi worr ganz anners.
 ... Weet ik nich op mi dat in Kroom passen deiht.
Dor is man eenfach platt.
 ... Dor seet ik op'n Proppen, ...
Över so wat snackt en nich.
 ... To'n lachen is sowat jümmer eerst loter. Veel loter!
Ach, laat uns leever vun wat anners snacken!
 ... Dat holp je nix.
Wi weern meist vun' Stohl sackt, so schenant weer uns dat.
 ... Schiet aver ok, ik bün nich so tofreden, as dat kunn.
Wat, bitte schöön, is so dull dor an, ...
 ... Keeneen kunn dat begriepen.
Liekers mi trurig tomoot weer,
 ... Liekers müss ik nu no vörn kieken.
Nützt jo nix.
 ... Een ... is een Schietdreck dorgegen.
Bang un dörch'nanner.
 ... Meinzeit weer dat pienlich!
Weet nich mehr, wat ik maken schall.
 ... Müch an 'n leevsten hulen.
Maak nich so'n suur Gesicht!
 ... Wat mi op de Maag sleit ...
Kannst mi dat noföhlen?
 ... Wees man nich trurig - dat warrt al wedder beter.
Kiek, un dat hett mi jüst noch fehlt.
 ... Dat kriggt unsereen gor nich hen.

Ik schiet di wat!

Wo't nienich dunnert, dor is ok nienich fein Wedder.
In alle Fründschop, ...
 ... Dat schall doch woll 'n Witz ween.
Du büst woll meschugge!
 ... Maak blots keene Fisimatenten!
Maakt, dat ji hier wegkoomt!
 ... Nu man sinnig! Wüllt höpen he maakt uns nix vör.
Fisimatentenkroom!
 ... Nu reeg di ni op.
Wat wullt denn du?
 ... Hool du doch blot dien Muul!
Du hest'n Knall, aver 'n ganz gewaltigen!
 ... Di is woll de Bregen dünn worrn vun de Hitten?!
Di hebbt se woll in 'n Bregen scheten
 ... un vergeten umtoröhren!
Ik schiet di wat!
 ... Klei mi an de Fööt! Mi koomt glieks de Tranen!
Klei mi an'n Moors!
 ... Huul af!
Holl dien kodderigen Sabbel!
 ... Is mi doch egol.
Nu langt dat!
 ... Wat fallt di in?!
Wat is dat eegentlich för'n Schwachsinn?
 ... Wullt du mi op'n Arm nehmen?
Nu maak mol halflang!
 ... Gah mi af mit den Mist!
Gah mi los!
 ... Büst jo mall - un so dumm as du utkiekst!
Ik bün suuer.
 ... So, nu langt mi dat!
Nu is daddeldu!
 ... Ik heff de Nääs vull.

Ik bün sowat vun in de Brass, dat glöövt keen Swien!
... Bidde?
Schall ik jo mol wat seggen?
Hest' dat al mol mit Lesen versöcht?
... Kannst doch noch wat bi tolehren!
Willst mi woll för'n Idiot hollen, wat?
... Nu mol sachen, sachen!
Maak nich so'n Gedööns!
.. Ik warr di op'n Pott setten!
Dor kriggst jo een toveel bi!
... He, du - wat büst du för een?

Striet

Wokeen du nix deist, de deit ok di nix.
... Wokeen du haust, de haut di wedder.
Wat en richtigen Keerl is, de lett sik nich bang maken.
... Wat wullt du vun mi?
Gah weg, hau af, segg ik!
... Scheet in 'n Wind! Dummbüdel!
Scheer di weg, Gröönsnavel.
... Nehm di in acht, Krintenkacker!
Du, di warr ik glieks ... !
... Ik will nix mit di to doon hebben.
Du wullst woll 'n Backs kriegen?
... Ik heff doch so 'n Bammel (in de Büx).
Hool op, ansunsten gifft dat
... Arger.
... den Achtersteven versohlt.
Weest wat? Bilütten warrt mi dat to dumm!
... Willst nen Jackvull? (dat dat blots so brummt).
Kannst dat Fell vullkriegen!
... Dat wüllt wi doch mol sehn.
Ik treck di dat Fell över de Ohrn!
... Slutt, ut, vörbi!
Denn kriggt he wat vun mi to hören!

... Denn segg ik ehr klipp un klor, dat se sik ...
... Segg mol, hest du 'n Brett vör 'n Kopp?
Is boben in dien Bregenkassen wat nich so recht binanner?
... Bitte, do mi nix. Nu man nich glieks so vergrellt.
He fangt dat Schimpen an.
... De mutt wat op de Klüüsen hebben.
Den Keerl knööp ik mi vör!
... Denn pedd em in 'n Moors!
Denn gifft dat wat an de Ohrn. Schallst sehn!
... Dat betahl ik di mol wedder!
Den heff ik (al lang) op'n Kieker.
... Ik heff em bi de Büx kregen.
Wenn Se verstaht, wat ik meen.
... Oh, dat deit mi aver leed.
Ik heff em glieks an'n ersten Dag kloor maakt,
... wo de Hammer hangt.
Törfkopp!
... Bagalut! Dämlack.
Bedregers!
... Wenn ik een vun de faatkreeg!
Em jöökt dat Fell un mi jöökt dat in de Fingers!
... Di warr ik wat schieten!
Du hest woll lang keen an de Nees hatt?
... Holl di trüch!
Wenn ik du weer, denn wörr ik mi hier nich so opspeel'n.
... Nu koom man so ganz bilütten mol wedder dol!
Nu will ik di mol wat segg'n!
... Loot uns dor man ruhig mol över nodenken.
Wi köönt ok anners!
... Holl dien Muul!
Dat gifft glieks 'n Klopperee.
... Dat warrt di seker Leed doon.
Wi wöllt keen Striet mehr maken!
... Dat schall nu anners warrn!

Sik bedenken (Überlegungen)

Een Satz anfangen

Ah, …
Ach, … (kumm!)
Dammi, …
Deern, dat muttst du di marken: …
Dorbi fallt mi in, …
De Tofall will't, …
Fein, …
Glööv mi, …
Ik glööv, …
Ik fünn, …
Ik meen, …
Ik heff mannigmol dat Geföhl, …
Ik weet nich, …
Ik segg di, …
Jo, …
Jo, dat is je so, …
Jo, wiß. Aver dat …
Jung(e), …
Junge, Junge, …
Kiek mol, …
Kinners, …
Man, …
Mach ween, …
Man jüst, as …
Manningmol, wenn … denn …
Man blots, …
Mi is opfullen, …
Minsch, …
Momang, …
Mol ganz ehrlich, …
Na, …

Na jo, …
Nee, …
Nu, …
Ofschoonst, …
Oh, … (dammi)
Pass mol op, …
Segg mol, …
So, Lüüd, …
Stell di (dat) mol vör, …
Sühstwoll, …
Schull mi nich wunnern, wenn …
Tscha,
Tja, …
Tööv mol, …
Tüün nich, …
Un överhaupt, …
Un dat schöönste, …
Weet Se wat, …
Wo wi jüst dorvun snackt, …
Verdammi, …
Man dat blots so blangenbi, …
Weet Se wat, …

Anroden

To rechter Tiet dat Snuutwark hollen,
  … dat is nie nich verkehrt!
Wenn ik Se en goden Raat geven dröff: …
  … Bliev as Du büst.
Wenn en mol överleggt, …
  … Loot goot sien, Jung.
Een goden Raat:
  … Stah fast, kiek wiet und röög di.
Laat di op nix in (wo du …).
  … Denkt mol scharp no!
Dor is wat, wo du nich mit kloorkümmst.

... Dat is keen klacks, segg ik di!
Pass op!
... Dat laat man no.
Also, dat kann so nich blieven,
... anners koomt wi noch dör 'n Tüdel.
Dat will ik di seggen!
... Dat warrt di goot doon.
Ik meen dat blots goot mit di.
... so koomt wi ok nich in de Bredullje.
Ik kenn dor een, de hett dor Spooß an!
... Musst di nix bi denken.
Lang man to.
... Bitte, do dat nich!
Dat Du mi goot oppasst!
... Nu man blots keen Panik.
Dor hebbt wi all mol dörch müßt,
... nu heet dat ganz cool blieven.
Dat musst nich doon!
... Op gor keen Fall aver dörvt se ...
Hör mol'n beten to!
... Woso weer dat beter för mi?
Du musst dat opkloren.
... Ach, laat dat man lever.
So mutt dat ok ween.
... Dor kunnst op af.
Dor kannst wat sehn!
... Un dat is doch ok al wat wert.
Also laat wi dat allens.
... Nehm di in Acht.
Di mutt dat schietegaal ween, ...
... Wat de Lüüd vun di denkt.
Tööv man, bit dat du …
... Un dor hollt wi uns an.
Laat dat ween as dat is, …
... Dor klappt wat nich.

Dat gehöört sik so.
... Dor bruukst du di nix bi/to denken.
Dor hest du nix mit to doon.
... Wenn Du mit de Nerven tofoot büst, denn ...
Musst nich!
... Dat schullst du man noloten.
Ik raad di, dat to doon.
... Nich nödig!
Se dörft nich allens glöven, wat he vertellt.
... So, wüllt Se dat? Denn doot Se dat.
Dat warrt nu bilütten Tiet, dat du anfangst gegentostüürn.
... Heff ik denn ok maakt.
Un laat di blots nich vörsnacken, dat dat beter warrt, wenn ...
... Vun alleen fallt' nix in'n Schoot.
Nich bang maken, nich bang maken laten.
... Dat kann ik di seggen!
Locker blieven,
... anners warrt dat nix, anners kriegst du dat nich hen.
Blots nich slapp maken, nu kümmt dat dor op an.
... Du warrst dat sehn!
Do, wat du nich laten kannst.
... Hool du di dor man rut.
Wi mööt uns vörsehn.
... Süns warrt wi ansmeert.
Höört Se man nich op em.
... Worüm?

Man to

Do wat du wullt, de Lüüd snackt doch.
Man to! Nu to! Dat wi vörankoomt!
Na, denn man los.
Ah, nu man los!
Toi toi toi!
Ik drück di düchtig de Duums.
Maak to!

Maak, dat du fardig warrst!
Kumm pedd to.
Denn mol beten dalli!
Legg en Tähn to!
Nich lang snacken/schnacken!
Nu tüdel nich noch lang rüm!
To doon gifft 't doch genoog!
Nich lang fackeln!
(Nu) heff di (man) nich so.
Keen Bang!
Versöökt Se dat noch mol. (Mitünner klappt dat.)
Dat do man (dat hest du verdeent!)
Tööv mol.
Maak mol föffteihn!
Laat wi dat lever.
Koom man her!
Hool op!
Dat künnt Se nich doon!
Kunnst dat mol för'n Momang vergeten?
Spott ni(ch) mit/över ...
Nu koom mol daal.
Keen dumm Tüüch maken.
Ik nehm mi vör ...
Du schullst man ...
Üm düsse Saak maak di man keen Sorgen!
Wenngliek dat al düüster is, wi mööt dat noch maken.
För't Weglopen is/weer dat nu to laat.
Toi, toi, toi!
Tro di wat! (- snack Platt!)

Op „Man to" reageren

Wat ik nich heff, dat bruuk ik nich,
   ... wat ik nich weet, dat plaagt mi nich.
Maakt wi!
Geseggt, gedahn!

Ik heff dat nich hinkregen.
Ik kann op mi sülvst oppassen.
Ik geev mi Möh.
Ik heff mi dor an gewöhnt (, ik mark dat al gor nich mehr)
Villicht schull ik mi dat noch mol överleggen.
Wat meenst?
Meenst du würklich? (Kloor doch)
So as du dat nu vertellst,
 ... will ik mi dat noch mol dörch den Kopp gohn laten.
Do mi dat nich an.
Do man nich so!
Du, so licht is dat nich.
So wiet kummt dat noch!
Wo schall dat goot för ween?
Schall ik noch wieder maken?
Man dat passt jüst nich.
Jo, wenn dat man so licht to weer.
Ik versöök dat.
Ik kunn wedden, ...
Ik mach dat nich hören!
Aver geern.
Du schallst sehn!
Geev uns Tiet, morgen warrt vun sülven.
Kannst du nich töven?
Woso un woto?
Man woans geiht dat?
Wo wiet büst du denn?
Wat schall ik dorto seggen?
Wat ik dor Lust to harr? Nö!
Weetst wat? Laat uns dat utknobeln.
Bruukst nich so to bölken!
Morgen is jo ok noch 'n Dag.
Dat seggt Se so eenfach
 ... aver dor warrst du jo rammdösig in'n Kopp.
As Se dat wüllt. An mi schall dat nich liggen.

Dat is schaad

So 'n dösigen Kraam dat aver ok!
Wo kann dat angahn?
Na, sowat aver ok.
Nehm ik di nich af!
Schaad is dat.
Wat schaad.
Ik find dat schaad.
So en Schiet ok.
Kannst nix (an) maken!
Nüdschanix
Wat mutt, dat mutt.
Dor harrn wi keen Schangs mehr.
Sowiet is dat mit uns komen.
So fangt dat meistieds an.
Dat is schaad.
Dat is en Jammer.
Dat is 'n schöönen Schiet.
Dat is wegsmeten Tiet.
Dat is - mol seggen - ...
Dat hölpt allens nix.
Mi is dat (mit ...) jüst so gahn.
To argerlich aver ok!
Dor keem ik sowat vun gor nich op kloor.
Schall denn allens ümsünst weßt sien?
För so'n Tüünkraam heff ik keen Tiet.
So, un nu loot uns mol vun annerswat snacken.
Wenn afsupen, denn alltohoop.
Dat is 'n Slach in 't Kontor.
Goot, dat weer nich schöön, man wat nu kümmt,
   ... dor holl di fast.
Dat is jo würklich verwunnerlich.
Op de anner Siet: ...
Ik meen dat eernst, du kennst mi jo.

Dat is mall!

Dor fallt di nix mehr to in - de hebbt se nich all!
Gah mi af!
Nix dor.
Dat geiht doch nich!
Büst du mall?
Nu maak mol halflang!
Nu hool aver mol de Luft an!
Ach, klei mi doch an'n Moors.
Dat is ganz alleen dien Schuld.
Sühst du!
Sowat weet man doch!
Du Döösbattel! (Dussel, Dööskopp)
Harr ik mi op di blots nich verlaten!
Du hest ok man blots Schiet in'n Kopp!
Dat kann keen Swien (lesen)!
Dat is dummerhaftig!
Dat is doch dumm Tüüch!
Dat gifft villicht bekloppte Lüüd!
Wat büst du denn för een?
Stimmt dat oder heff ik recht?
Heff ik dat nich jümmer to seggt?
Wullt du uns dat Fell över de Ohrn trecken, oder wat?
Wo kümmst du dor denn op? (Wenn ik dat man wüss.)
Verdummbüdeln laat ik mi (noch lang) nich!
Wi wüllt uns nix vörmaken. Dat warrt nix mit uns beiden.
Dat höört sik je so.
Dat wull ik man seggt hebben.
Un dat hest du denn dorvun, ...
    ... dat du di nich sülvens üm allens kümmert hest.
En kann sik dootagern.
All geven se ehrn Semp dorto!
Dat nimmt överhand!
Düvel nochmolto! Kannst jo verrückt bi warden!

Höört mol to! - Twüschen ropen

Wat ik noch seggen wull ...
Nix för ungoot..
Ik will ok mol wat vörslagen or inwennen.
Ahwat!
Dat Snacken besorg ik denn al.
Dat is noch lang keen Grund.
Wenn ik dat mol so seggen dörf.
Dörf ik nu ok mol wat seggen?
Is keen Witz!
Jo, aver dat is noch nich allens!
Dat is jümmers dat sülve.
Dat meen ik eernst!
Dat mag jo ween, blots ...
Un nu?
Dat wunnert mi nich!
Verdammi!
Schiet ok!
Tüünkraam!
Ik kunn mi so wat nich vörstellen!
Wohrschau!
Kiek (blots) mol!
Sabbel nich!
Gor nich an to denken!
Ik heff de Nees vull.
Verdamminochmolto!
Höört mol to, Jungs, ...
Lüüd, nu is dat sowiet! ...
Jüst so!
Kiek an, kiek an.
Wenn ik ehrlich bün, ...
Eegentlich heff ik jo dacht, ...
Wo heet dat doch so schöön ...
Mi wunnert jo, dat ...

Ik meen, ik glööv, dat ...
Wat ik mi jümmer fraag, ...
Na, ik bün gespannt!
Liekerwies!
Denn is goot.
Weet ik. Ik weet.
Wo wullt du dat vun afweten?
Weet ji wat ik glööv?
Man allens, wat recht is, ...
Sowat aver ok!
Luert wi dat mol af!
Dormit wi uns hier recht verstaht, ...
Is mi annerlest eerst wedder opfullen, ...
Un liekers, ...
Nu kümmst du!
Dammich nochmol.

Deepdenkern - Wat to'n nodenken

En goot Woort köst nix.
Allens in't Leven hett en Tellerrand,
   ... över den man weg kieken kann.
En mutt dat Paradies in't Leven söken
   ... un schall dor nich op töven.
Nix is so beknackt,
   ... as dat du dor nich doch wat ut lehren kannst.
Geiht mannigmol wat hen un her vun Minsch to Minsch
   ... dat bruukt keen Wöör.
Olaf hett grote Hannen, he kann veel begriepen.
Politik is anners seggen as doon.
Dinken un doon is dicht bi'nanner.
Wat'n deit un wat'n dinkt, löppt je meistiets nich tosamen.
Achterran is de Minsch jümmers klöker.
An 'n Enn is all uns Weten lütt beten nix un heel bescheten.
Beten scheef hett de Natur leev.
Een Minsch leevt, de anner warrt blots öller.

Wer lang leevt, warrt ok oolt.
Wat jung is, mutt danzen.
Wat jung is, dat summt; wat oolt is, dat brummt.
Een olen Stubben lett sik nich verplanten.
De Minsch warrt jümmer to fröh oolt, man to laat klook.
Hett allens sien Godes, ok dat Slechte.
Een mutt de Welt kennen, aver de Heimat nich vergeten.
Wo een Wille is, is ok een Weg.
Dat gifft Probleme, de sik mit de Tiet vun alleen trechtloopt.
Wokeen toeerst kümmt, mahlt toeerst.
Wat Du hest dat hest Du.
Glück is en Utnahm vun allens.
Glück will Tiet hebben.
Glück un Schiet wahnt Siet an Siet.
An glücklichsten köönt Narrn un Kinner sien.
Dat Leven is 'ne Achterbahn; de Leev ok.
De Düvel schitt jümmer bi'n gröttsten Hupen.
So is de Welt nu mol.
En blinn Hohn finnt ok mol en Koorn.
Wat mutt, dat mutt.
Dat Leven geiht wieder.
Do wat du wullt, de Lüüd snackt doch.
Dat gifft dor nix, wat dat nich gifft.

Verklaren

Doon is 'n Ding, man schnacken köönt se all.
Köönt Se mi dat mol verklaren? (Ik verstoh dat nich)
Keeneen verkloort dat so schöön as du!
Ach, dat weet Se nich? Ik vertell se dat!
Klamüster dat man ut.
Momang, dor mutt ik erstmol nodenken.
Wi wüllt versöken, di dat to verklooren.
Ik verklookfiedel di dat. (Dat weet wi je all)
Ik heff dat nich begrepen
   ... wat he dormit seggen wull.

... bit se dat ... verklookfidelt harr, ...
Ik heff een Idee.
Gifft nix doröver to verklaren.
Laat mi mol so anfang'n …
Nu geiht dat an/bi 't Söken.
Ik weer mi meist seker
   ... Ik weet över allens Bescheed.
   ... Heff ik dacht. Denkste!
Ik stell mi dat so vör: ...
Dat is de Alldag.
Dat kann allmann.
Dat kann man (een) nich weten.
Dat heff ik so för mi rutfunnen.
Dat löppt op … ruut.
Dat is nix anners as …
Dat kann ok anner Grünnen (hatt) hebben.
Dat liggt doch op de Hand.
Dat liggt dor an, dat ...
Dat liggt man an nix anners, as an ...
Dat weer woll so.
Sowat passeert all Nääs lang.
Ok dat gifft dat.
Schall ik de Wohrheit seggen?
   ... An besten op plattdüütsch.
Dat weet wi je all.
Se warrt dat nich glöven!
Weet ik ok nich.
Ik verstoh dat nich.
Wiss nich.
Man blots, ik weet dat beter.
Sowat kenn ik nich.
Hett dat'n Grund?
Dor stickt noch en annern Sinn achter.
Dor is nix an to doon.
Un dat is wiß keen Tofall.

Un wo he sik (ik mi) dor so rindenk(t)
Wi mööt nu ganz logisch vörgahn.
To'n Bispeel, ...
Nehmt wi mol an, ...
Geiht aver ok ganz anners, ...
Denn weet wi nu je Bescheed.
Weest Bescheed!
Hest du dat halfweegs kapeert?
Is doch ok schietegool.
Na, Se weet al, wat ik meen.
Anners warrt dat nix.
Mag jo ok angahn, dat ... , op jeden Fall, ...
Woans heff ik dat henkregen?
Ik kunn dat eerst nich glöven, ...
 ... Denn flutscht de Kraam, denn warrt dat goot.

Oordelen (Urteilen)

Sowiet so goot

Wi köönt nich doon, wat wi wüllt, ...
 ... wi mööt doon, wat wi köönt.
Is jo man goot.
Dat harr veel leger komen kunnt.
Un so is dat denn ok beter, ...
Dat weer eenfach.
Dat mag ween.
Wohr is dat.
So is dat denn ok woll.
Sowiet so goot.
Un dat is ok goot so!
Dor is al wedder wat ünnerwegs.
Nich to översehn.
Dat weer al meist vergeten.
Wi kregen alle Hannen vull to doon.

Ik heff dat achter mi.
Nu, hüüt, is dat aver allens ganz/heel anners.
Is jo nix gräsiger, as wenn ...
Dat is en anner Geschicht.
Dat is verschütt gahn.
Dor schall ik üm legen.
Bi mi süht dat anners ut as …
Ik kann mi al denken, dat he …
Ik hööp nich.
So wiet ik dat weet, …
So kann't gahn, ...
Dat dücht mi.
Ik maak mi nix vör.
Kann passern wat will.
So, dat hebbt wi.
Tscha, so geiht dat.
Jo, so weer dat ween.
Dat kann'n nich anners seggen.
Wiss un wohrhaftig!
Dat sünd tweerlei Poor Schöh.
Dat hest du di wedder goot utklamüsert!
So, Jungs, för hüüt loot wi dat eerstmol genoog sien.
Maken Se sik man keen Sorg.

Loff (un Schell)

Dat hest Du goot maakt!
    ... Dat maakst du goot!
Du hest allens geven.
    ... Man dat reckt uns nich.
Du, dat harr ik di ehrlich nich totruut,
    ... Dat du di so an'n Reemen rieten kannst!
Du hest allns richtig maakt!
    ... Vun nix kummt jo ok nix!
Dat is je doch en Feinen ...
    ... Smuck is't, dat ...

Woto man di nich allens bruken kann!
    ... Ik bün bannig stolt op di!
Dat hest aver fein maakt.
    ... Dat du mien Leevsten büst.
Dat günn ik di/ehr!
    ... Dat mutt'n di laten, du büst plietsch.
Se sünd aver plietsch.
    ... Dat is klook.
Ganz nett, kannst nich anners seggen.
    ... Dat is ok wohr! 'n gode Idee.
Alle Achtung, dat geiht jo al wedder ganz fix.
    ... Un dat is Se eerst jetzt opfullen,
    ... jetzt, no meist veer Johrs Tiet?
Woto man di nich allens bruken kann!
    ... Plietsch as ik nu mol bün.

(Loff un) Schell

Du büst een Döösbattel!
Dat is öllerhaftig.
Du hest dien Kopp ok blots för'n Frisör.
Dor kannst du di Fusseln an de Tung sabbeln.
Dat güng bi em in dat een Ohr rin
    ... un ut dat anner wedder rut.
Stell di nich so tüffelig an!
Geev dat man to, dat du dat mit Afsicht maakt hest.
Büst jo sülven Schuld!
Man ünner'n "Triumphtog" mutt'n sik woll
    ... en beten annerswat vörstellen.
Man jümmers ran un nich so lang genöölt!
Wat hett he/hest wedder murkst!
Dat is jo bekloppt!
Ik seh' dat al, du mußt noch 'n Barg lehrn.
Du mußt doch ümmer all'ns beter weten,
    ... ümmer dat letzte Wort.
Wat dat wat warrt, hangt nu ganz vun di af.

Wunnerbor!

Wenn Schiet wat warrt ...
Allens löppt best.
   ... allerbest!
Allens op de Reeg.
Allens keem fein tohoop.
Allens in Bodder!
Dat löppt wunnerbor.
Dat kümmt mi topass.
Dat is goot gahn.
Dat harr nich beter komen kunnt!
Dat is nich to överbeden! Dat lett sik nich överbeden!
Dat kann man/een/'n nich överbeden.
Dat gung vun Dag to Dag gauer.
Dat höört sik jo allens heel goot an.
Dat klingt drullig, ...
Jüst so heff ik mi dat dacht!
Ik warr dat in't Leven nich vergeten,
   ... wat se för een Gesicht maakt hett.
So wiet, so goot.
För so 'n Keerl as di is dat doch 'n Klacks.
Bannig goot maakst du dat!
Wat'n Glück, ...
Wat'n Wunner, ...
Dat is genau dat, wat ik söök.
So is't richti!
Eegentlich harrn wi för sowat jo nich veel över, man wenn ...
Na, dat is doch heel eenfach!
Dor fallt mi nu würklich 'n Steen vun Harten.
   ... nu bün ik düsse Last ennelk leddig.
Dat is echt geniol!
Un wat dat Dullste is: ...

Eenmol un nich wedder!

Schuld sünd jümmers de annern.
Schiet dat.
Un wat schall ik jo seggen?
 ... Eenmol un ni(ch) wedder!
Ik harr glieks so'n Geföhl, as wenn hier wat nich stimmt.
Ik harr glieks so'n ungodes Geföhl.
Se weet al wat ik meen.
Ik finn/funn dat schlimm.
Ik kunn't nich mehr utholen.
Dat seeg rein gefährlich ut.
Weetst Bescheed?
Dat meen nich all to veel.
Dat höört sik nich dorno an,
 ... dat dor en Minsch lang över nodacht hett.
Dat passt (mi) doch vörn un achtern nich.
Dat geiht nich.
Dat gifft blots Arger.
Dat weer nix för mi.
Dat harr ik mi anners vörstellt.
Dat kann blots beter warrn.
Wenn dat man wat warrt.
Schöön is sowat nich.
Nix as rut hier.
Dor hett sik keene Söög üm scheert.
Dor süht an, wovun sowat kümmt.
Dor kannst du lang op luurn, dat passeert mi nich (wedder)!
Nie nich!
Man dor weet ik nix vun af, dat mööt anner Lüüd doon.
Is je troostlos.
Ik kann dat nich af, wenn ik nich weet, wat op mi daalkummt.
 ... denn sünd Se op 'n verkehrten Damper!
Ach, Schiet, vergeet wi dat!
Wenn du dor nich oppasst, denn ...

Reell is dat nich, ...
Man dat is denn ok dat leste Mol!
Dat is meist nich mehr uttohalen (mit ehr).

Weeswark maken (Auseinandersetzungen)

Wat wullt du maken?

Dat Ene, wat 'n will, dat Annere, wat 'n mutt.
So is dat in't Leven.
Wat hebben Se sik dorbi dacht!?
Du büst ok gor nich bi de Sook!
Dorüm geiht dat nich.
Dor kummt dat op an!
Weet de Düvel!
Un wo nich?
Kann ik dor wat för, dat ...?
Ik bün ok blots 'n Minsch.
Dat weet ik nipp un nau.
Dat deit man nich.
Dat weet wi allens.
   ... Dat weet ik ok.
Dat is/weer eenfach so.
   ... dat hölpt aver nix.
Dat hölpt nu mol all'ns nix.
Dat mutt ik doch woll beter weten, oder?
Dat heff ik vergeten.
Dat liggt doch nich an mi!
Dat do ik nich mienentwegen.
Dat do ik (vun)wegen mien Kinner.
Dat maakt den Kohl ok nich fett!
Dat weer lichter seggt as doon.
Utdacht heff ik mi dat nich.
Man dor kann ik nix för!
Man, dat hölpt nix, ...

Man will doch ok mol …
Wat dat schall, dat weet ik ok nich.
Wenn't no mi gahn weer, …
Wi hebbt nich lang fackelt.
Soveel (as) ik noch weet, (hett he doon, wat he kunn).
So wat kümmt doch vör.
   … , se harr jo keen Schimmer.
Ik heff mi nix dorbi dacht.
Ik för mien Deel …
Ik kunn mi dor nich op besinnen.
Ik kunn nich anners.
Ik kann dor eenfach nich gegen an
Ik kunn dat goot verstahn.
Ik heff dat al seggt.
Ik weer nich so dull neeschierig.
Ik weet ok nich wat dat bedüüd.
Ik fünn, ik kann mien Menen ok mol ännern.
Is dor wat verkehrt an?
Aver wat wullt du maken?
Wat anners bleev mi nich.
Weer allens afsproken.
Wat bleev mi denn anners över?
Wat schüllt wi …, laat uns …
   … , un ik finn, …
   … sotoseggen …
Heff ik doch jüst seggt.
Du schimpst hier mit mi rüm, wat kann ik dorför?
Ik heff dat nich erfunn.
Lege Tieden sünd dat.
Is over noch lang keen Ovend.
Dat mag sien.
Jo, kann nüms wat an ännern.

Tschulligung

Mi/uns is so'n lütt Malöör passeert, ...
Dor kann ik nix bi doon.
Dor is nix an to doon.
Du, mi is dor wat passeert ...
Deit mi leed.
Ik warr mi Möh geven.
Schaad.
Ik heff keen Ahnen.
Dat weer nich mit Afsicht.
Dat deit mi (bannig) leed.
Deit mit leed, passeert mi bestimmt nich wedder!
Is jo man goot.
Dat is nich böös meent.
Ik mag mi nich geern entscheden.
För dissen Gedanken schaam ik mi gräsig.
Schall nich wedder vörkamen.
Dat is to'n Vertwiefeln.
Ik hoop, dat hett nix mit mi to doon?
Harr ik dat mol lever laten.
Nu geev ik jo to, ...
 ... heff ik ganz vergeten.
Heff ik denn gor nix lehrt?
Annermol warrt/schall dat beter lopen.
Dat full mi bannig swoor.
Ik koom dor jo man blots op, wiel ...
Un dat is nich so, dat ik nich versöken do,
 ... wat dorgegen to doon!
So as dat kümmt, (so) nehm ik dat hen
Dat weer mi ok so'n beten genierlich.
Ik wünsch mi, ik weer teihn Meters deep ünner de Eer.
Wat kann ik darför, wenn de annern to fuul sünd?
Ik heff doch gor nix doon.

Op Kritik reageren (?)

Jungedi, wat heff ik denn nu verkehrt maakt?
Dat mööt Se mi nasehn.
Ik weet gor nich, wat ik toeerst un toletzt maken schall.
Un wat schall dat?
Woso doot se dat?
Stimmt dat oder heff ik recht?
Wat kann ik denn dorför?
Meenst du würklich?
   ... Kloor doch!
Wat hest Du seggt?
Woso nich?
Woso dat?
Nee, woso schall ik?
Is dat allens?
Wat is los?
Wat weest du denn dorvun, du Rotznees.
Hebbt se di?
Wo schall/mutt ik dat verstahn?
Is dor wat verkehrt an?
Wat wullt du blots?
   ... Dat du mi in Roh laten deist.
Wat höörst ok nich op mi?
Woans schull ik denn weten, dat ...
Hest noch mehr an mi rümtomeckern?
   ... oder weer't dat för hüüt?
Dat hööRt sik nich!
Dat deit man nich!
Deit mi leed, ik heff jo nich wüsst, dat ...
Wat schüllt de Lüüd dorto seggen!
   ... Dor warrst du di aver ümkieken!
Dat köönt Se nich doon!
   ... Nu is't allens ut, dat brickt mi endgüllig dat Gnick.
Di hebbt se woll mit'n Klammerbüdel pudert.

Dat is jo woll dat Nee'ste, sietwann ...
Worüm dat denn?
Wullt du mi hier verkackeiern, oder wat is in di fohrt?
Büst du totol översnappt oder wat?
Wat mööt wi uns eegentlich noch allns gefalln loten?
Woneem hest du blots all sowat her?
Dat kunn nu jo keeneen bestrieden.
Mi dücht, du schußt mi al sowiet kennen,
   ... wat du weetst, ik mag nix mit Lögen to don hebben.

Op Kritik reageren (!)

Jede Wind hett sien Gegenwind.
   ... Ik harr geern noch en beten Tiet to 'n Nodenken.
Wo schöön dat mi dat erspoort bleven is!
   ... Fang du nu ok an!
Maak keen Witze!
   ... Blaff mi nich so an!
Tööv dat af!
   ... Dat heff ik nich blots seggt, dat meen ik ok so!
Dat geiht di gor nix an!
   ... Dat blifft dorbi!
Dat geiht mi (nich) an'n Mors vörbi!
   ... Dat is dumm Tüüg!
Dat is nich to erdregen!
   ... Dat stimmt gornich!
Dat hett mi bannig argert.
   ... Dat maakt nix.
Dat krieg ik meisttiets to hören.
   ... Du warrst dat sehn! (Wi warrt sehn!)
Du büst woll mall!
   ... Du wullt mi doch nich wies maken, dat (ik di) ...
Du büst aver ok pingelig! Ik kann dat doon.
   ... Du warrst eenfach nich klöker!
Dor kummst du ok noch achter!
   ... Dor lach ik över!

Nee, dat weer nich ik!
   ... Wat Wunner ok!
Wat is dat eegentlich för'n Schwachsinn?!
   ...Ik weet nich woans dat kamen is.
Hol mi op mit ...,
   ... dor heff ik al in de School Schereree mit hatt.
Hest nich alle Latten an Tuun?
   ... Kennst mi doch!
Man blots, ik weet dat beter.
   ... Nu bün ik mucksch.
Köönt de/Se nich mol de Snuut holen?
   ... Ik weet, wat Se nu denkt.
Ik meen dat anners.
   ... Dor hebbt ji wat in'n verkehrten Hals kregen!
So weer dat un so warrt dat ok blieven.
   ... Nix is dorvun wohr, dor kannst du op af.
Jo, ik weet, ik weer opletzt nich de Allerbest.
   ... Ik bün hier sachts de eenzigst, de arbeiden deit!
Dat harr jo nu würklich nich nödig doon.
   ... Nu maakt hier man keen Trara.

Tostimmen

Ik bün dormit inverstohn. Ik heff nix dorgegen.
Ik harr dor nix gegen, ik heff dat goot verstohn.
(Na goot,) ik geev dat to (, dor is jo ok nix bi)
Dat kann ik insehn.
(Dat) kann ik (goot) verstohn.
Dat meen ik ok.
Jo, dat is mol wat!
Jo, so is 't woll.
Dat gefallt mi.
Dor is ok woll wat an.
Jüstso.
Jüstemang so is dat.
Allens kloor.

So maakt wi dat.
Vun mi ut.
Jo, jo.
Wiß und wohrhaftig.
Is al goot.
Worüm ok nich?
Ik heff dat jo glieks seggt.
Na bitte, dat is doch al mol wat!
(Dat) Kummt mi (graad) to pass!
Dat keem (uns/mi) genau to pass.
Dat hest du di verdeent.
Ik finn dat is een gode Idee.
Ik bün ganz dien Menen!
Dor is nix gegen intowennen.
So is dat! Du seggst dat.
Jüst so, as du dat seggst.
Dat will ik denn ok doon.
So stell ik mi dat vör.
Is woll beter.
Weer mi ok lever ween.
Dor kannst een'n op laten.
As du meenst.
Mienwegen, aver weeßt du wat? ...
Dat passt tosoom.
Jo, so stell ik mi dat vör.
Wi mööt allns versöken, wat geiht!
Ik glööv dor jüst ni an, over liekers bün ik dor mit bi.
Dat kann ik mi goot vörstellen.
Tschä, dat is würklich en feine Saak.

Dat is wohr

Wenn een doon deit, wat he deit,
   ... denn kann he nich mehr doon, as he deit.
Woll wohr.
Man, dat is wohr!

Dat is woll wohr.
Villicht mütt dat ok so ween.
Nu warrt mi dat ok bilütten kloor.
Jo, hest ok/jo recht!
Jo, stimmen deit dat.
   ... vundaag geiht't üm de Wust.
Recht hest du.
Dat is woll würklich so.
Dor hett he recht mit.
Dor hebbt Se ganz recht.
Dor hest du woll Recht.
Un dat Beste dor an ...
Jowoll, wo se recht harr, harr se recht.
Nee, hebbt Se ok wedder recht.
Dat höört sik allens ganz schlütig an.
Dor heff ik jo vullet Verständnis vör.
Dat köönt Se aver glöven!
Dat magst' woll segg'n!
Dat meen ik ok.
Mol ganz ehrlich, ...
Ik harr jümmers dat Geföhl, solang as ...
Denn sünd wi jo mol wedder een Menen.
Du drippst den Nagel op'n Kopp.
Dor hest du utnohmswies mol recht, mien Jung',
   ... Un wo recht du hest!
Geiht nich, gifft 't nich.

Dat will ik seggen/menen

Un ik segg jo noch wat: ...
Jo, dor seggst du wat.
Wat du nich seggst!
Du seggst dat.
Dat kannst woll seggen.
Kann man so seggen.
Dat magst woll seggen!

Datsülve heff ik mi ok seggt.
Ik harr nämlich jüst leest ...
Ganz as du meenst.
Dat is ok mien Menen.
Dor is nix an to doon.
Dat kannst' di je denken.
Dat will ik menen.
Do man nich so!
Mienentwegen!
Kiek, wi hebbt dat wedder een mit'n annern schafft.
Ik heff mi so miene Gedanken maakt.
Se weet al, wat ik seggen will?
Sodennig bleev mi nix anners no, ...
Helpt jo nix, wi mööt uns dormit affinnen, ...
Un wat ik mi jümmers fraag: ...
Villicht köönt wi dor jo noch wat an doon.
Dat is 'n beten so, as ...
Acht' dor man mol op!
De Lüüd hebbt goot snacken. De kennt mien Problem nich.
Will höpen, ...
Dat bedüüd nie nich wat Godes.
Tja, wat weer dat Enn vun't Leed? ...
Dat hebbt wi noch nie nich anners maakt.
Dat is ümmer so wesen.
Dor warrt nix, aver ok rein gor nix an ännert.
Dat kann ik mi ganz genau vörstellen.
Dat heff ik mehr as eenmol mitbeleewt.
Dor kümmt wat op uns to, dat kann ik di flüstern.
Wi hebbt dat ümmer so holen: ...
Kannst' mi glöven!
Nu weest' Bescheed!
Ik heff dat jo glieks seggt.

Afwiesen

Dat is nich jeedeen sien Geschmack.
Dat mag ik nich lieden!
Fallt mi gor nich in! Worüm denn?
Ik much dat nich lieden.
Ik kann dat nich utstohn.
Ik bün jo nich bekloppt.
Kümmt gor nich in de Tüt!
Dor heff ik nu gor keen Lust to.
Ik wull dor nix mit to doon hebben.
Dor maak ik nich mit.
Dat weer/is mi doch reinweg to gefährlich.
Nee, dat is nix för mi.
Dat kann ik hüüt gor nich bruken.
Kümmt överhaupt nich in de Tüüt!
Ooochnee - mutt dat sien?
   ... Man to!
Bi'n besten Willen nich!
Ach, laat uns leever vun wat anners snacken!
Laat dat no!
Dor kann jo nix vun warrn.
Dat dat kloor is!
Dat's doch ganz wat anners.
Wat för'n Kuddelmuddel!
Wat nützt mi dat?
Dat schickt sik nich.
Denn weet ik nich, wat noch helpen schall!
Dat kann mi argern!
Ik höör dor nich mehr op hin.
   … un wat nich all!
Ik weet nich, of ik dat lieden mag.
Ik weet nich of ik dat tolaten dröff.
Se harrn/hebbt al 'noog för de egen Döör to fegen.
Wat schall dat denn heten?

Wo schall dat goot för ween?
Kann gor nich angahn!
Jo, wo leevt wi denn?
Dor weet ik nix vun.
Weet ik ok nich!
Dat weet ik nich.
Dat weet ik nu ok.
Man nich blots dat.
Also pass mol op, wenn du ...
Dor keem ok ik nich gegenan.
Is dat nich mall?
Heff ik nich.
Nee, dorüm nich.
Man dat reckt uns nich.
Dat is de Möh nich weert.
Dat is noch nix, dat mutt erst noch wat warrn.
Wenn se sik dor weenichsens mol wat infallen loten harrn
   ... dat dat 'n beten wat spannender worrn weer.)
Sowat do ik nich un wenn du di op'n Kopp stellst.

Ach, Tüünkraam!

Ach, Tüünkraam!
Segg mol du Klookschieter,
   ... Woneem hest dat denn al wedder opsnappt?
Dat is Tüünkraam is dat.
Vertell mi nich so 'n Tüünkraam!
Vertell mi doch nix!
Ganz un gor nich!
Sowiet kümmt dat noch!
Segg mol, drööm ick?
Kümmt nich in de Tüüt!
Kümmt överhaupt nich in de Tüüt!
Dütt kümmt nich in'ne Tüüt.
Kümmt nich in de Tüüt!
Damminochmol!

Schöön'n Schiet!
Nu maak mol halflang!
Dat passt (mi) doch vörn un achtern nich!
De spinnt woll!
Gah mi af mit den Mist!
Dor warrt nix vun.
Du hest mi gornix to seggen!
Is nich wohr!
Ik kann't nich mehr hören!
Dorüm de Sabbelee!
Verlaat Di blots op dienen Grips.
Waak blots op.
Dat interesseert doch keeneen mehr.
Wat du maken deist, is mi egol.
Ik glööv jo, ...
   ... dat löppt sik allns torecht!
Jedeen harr sien Doon.
De Lüüd op de Stroot lacht sik weg!
Sowat överkandideltes hest du noch nich höört.
Man no Jux weer mi nu würklich nich tomoot.
Koom, nu tüün man nich.
Dat verstah een, de will.

Opklaren (Aufklären)

Dumm lopen

Wenn't kümmt, kümmt all op'n Mol.
So is dat, dat gifft Saken, gegen de kann en nich an.
Op eenmol keem dat groot Malöör.
Sowat kann blots in de Büx gahn.
Dat is/kann in 'n Dutt gahn.
Wat för en dösigen Kraam.
Mol kieken, wat dor malöört.
Un soveel steiht fast: ...

... dat worr nich passen.
... dat is jo dumm lopen.
... dat langt in dissen Fall nich.
... dat geiht nich.
... dat geiht scheef.
... dor kannst nix an doon/maken.
... dat wüss nüms.
... dor weer nix bi to maken
... dor warrt nix vun.
... dor is nix ut worrn.
... dor stickt nich veel achter.

Dat is
... nich wohr.
... nu aver würklich een heel vertrackte Saak.
... dumm Tüüg.
... 'n schöön Schiet worrn.
... in'n Moors.
... in'n Dutt.
... Tüünkraam.
... gresig (grässlich) (dumm)
... förchterlich.
... leger.
... dösig. (Dösig is dat)

So warrt dat nix, du Moors.
Ik heff dat verkehrt maakt.
Lach du di man ok noch dösig!
Ik bün/weer reinweg vertwiefelt.
Tscha, wat schall ik do seggen?
Un wenn dat denn jümmer noch nich holpen, ...
So hebbt wi dat nich meent!
Dat harr/weer mi ok so gahn.
Na, sowat, de Böker sünd weg.
... Dat wüllt/schüllt/warrt wull de Annern
   ... wesen/ween/west hebben.
   ... sien.

... Dat wüllt/schüllt/warrt woll de Annern
   ... west wesen.
   ... west ween.
Dat gifft doch 'n Barg Arbeit, wat?
Mol ehrlich, wat hett dat för'n Sinn?
Dat is doch allens halven Kraam.
Ach, dat maakt nix, mien Deern,
   ... Dat kümmt je överall mol vör!

Twiefel

Nu gifft dat jo nix in uns Leven, wat nich twee Sieden hett.
Kinners, nu mol ganz ehrlich, ...
Ik fraag mi, wo lang dat noch goot geiht.
Na, dor stimm doch wat nich!
Heff ik dat kloor?
Seker?
Wo wullt du dat vun afweten?
Kannst Du dor jümmer achterkamen,
   ... of dat ok würklich so is?
Wo faken musst Du dor nokieken?
Geiht so, wat?
Jo nu?
   ... Kummt dorop an, wat …
Un wat schall dat nu warrn?
Ik weet ok nich wat dat bedüüt.
Wat is dor denn besünners an?
Laat dat ween as dat is, ...
Laat mi man noch en beten doröver sinneren.
Wenn't nich anners geiht ...
Un dat tooerst is al mol nich goot.
Soveel (as) he dat ok seggt, ik glööv em nich.
Du, nix för ungoot, aver ...
Dat lohnt sik nu wohrhaftig nich.
Betto heff ik jümmer dacht ...
Ik bün mi nich so seker. Wo ok.

Ik weet jo nich, ...
Dat hebbt wi bitherto nich wußt hatt.
Mag ween, (aver ik glööv dat nich)
Af un an fraag ik mi dor blots bi, wat…
Ik fraag mi blots, of dat …
Man/een fraagt sik, wat dat wohr sien/wesen/ween kann.
Ik glööv dat erst mol.
Ik mag mi gor nich utdenken, wat ...
Dat kann ik mi an un för sik nich vörstellen.
Dor is doch veel mehr de Fraag, wat ...
De Saak is blots - heel ungewöhnlich/ünnerscheedlich.
Wenn ik dat richtig mitkregen heff, (hest du even seggt,) ...
Ik harr dor jo al öfter vun höört.
 ... aver glöven kunn ik dat nich.
Un ik heff mi al wunnert, worüm ...
Dat is sünner Twiefel so.
Man ik weer unseker, …
Ik mag mi nich geern entscheden.
Ik glööv (nich) dor an.
Wenn dat nu fröher so ween weer,
 ... dennso harr mi dat gor nich sooo wunnert.
Ik glööv, du maakst jüst enen groten Fehler.
 ... Dat ik nich lach!
Wat is dorbi rutkoom, hä?
Dor mööt wi nochmol in aller Roh' över snacken.
Dat reckt achtern un vörn nich.
Na, dor mußt du di aver nich wunner, ...
Un wat schall dat?

Dat hett so sien Mucken

Hett allens sien Wetenschap.
Na, dor stimm doch wat nich!
So, un nu hebbt wi den Solot!
Dat funkschooneert jo ok vörn un achtern nich mehr.
 ..., wat schall dat?

Wat meenst du? (Weet ik nich)
Woan hett dat legen?
Wo hett dat an legen?
Stell sik denn rut, dat dat ...
Wenn ik mi dat bekieken do...
Nu heff ik jümmer dacht, ...
Ik heff nodacht, ...
Dor kunnen wi (ok) mol över nodenken.
    ... dat mutt so maakt warrn ...
    ... dat löppt sik allens trecht.
    ... dat geiht ok anners.
Dorüm kann ... nich ...
Ik weet nich, woran dat liggt.
Ik weet nich mehr, wokeen dat weer.
Mehr weet ik momentan (ok) nich.
Ik kann dat swoor begriepen.
Kummt Tiet, kummt Raat.
So tominst stell ik mi dat vör.
Bilütten bün ik mi seker, ...
Pö a pö güng 't vöran.
Dorso ...
Sühst wull. ... dor kummt dat op an.
Is nich ganz eenfach ...
Kann ik mi nich op besinnen.
Wenn dat nich hölpt, ...
Man dat keem denn anners, as ik mi dat dacht harr.
Dat weer swoor, dat Problem to lösen.
Dat güng mehr slecht as recht.
    ... wat aver gor nich so eenfach is.
Man dor is nu Holland in Noot.
Un denn schall dat an un för sik je ok .. (wohr ween)
Vigelinsch, döggt even nix.
Nu verstoh ik gor nix mehr!
Genau, so müß dat wesen un dat is, glööv ik, bannig swoor.
Kannst du doon, wat du wullt,

... dat süht eenfach jümmers albern ut.
Verstoht Se dat nu?
... Kloor verstoh ik dat.
Dor leggt de Haas in 'n Peper.
Obschoons ik güstern lang över dat Problem sinneert heff ...
Harrjeh, wat is dat swoor.
Dat funkschioniert jo ok vörn un achtern nich mehr.

Dor segg ik du to

Keen Problem, dat kriegt wi hen!
Keen Sorg, ... mi fallt wat in.
Maken Se sik man keen Sorgen. Ik weet al Bescheed.
Geiht kloor, dat krieg ik hen!
Dat's 'n Klacks.
Dat warrt al!
Ik warr dat woll henkriegen!
Dat geiht ratz-fatz!
Oh, ik kenn dat al ...
Dor segg ik du to.
Nu weet ik. Wies mol her!
So is dat, ik mutt dat weten.
Dor kenn ik mi ut.
Ik weet bescheed.
Ik kenn mi ut!
Ik kann mit Druck goot ümgahn. Dat löppt allerbest.
Anners maakt mi dat keen Spooß.
Ik weet al genau, wat glieks wedder kummt.
Dat keem mi bekannt vör.
Dat weet/wüss ik nipp un nau.
Dat weer je wat för mi, so'n ...
Dat is wat för mi.
Dat kriegt wi hin.
Dat löppt sik torecht.
Bilütten warrt mi kloor...
Sühst du, so gau un so eenfach is dat.

Ik heff mi mol Gedanken maakt.
Heel froh weer ik, as ...
Mi weer al kloor, dat ...
Soveel kann ik seggen, ...
Dat harr eenfach so komen müsst.
För mi stünn fast, dat ...
   ... ik weet woför.
Warrhaftig. Dat maakt wi mit links!
Is eegentlich ganz eenfach, ...
Mit eenmol is mi allns kloor.
Man ik heff denn furts 'n grandiosen Infall hatt.

Dat Wedder (Das Wetter)

Wat kriegt wi hüüt?

Dat Wedder is jüst richtig hüüt, nich to warm, keen Wind.
De Fredag keem mit blanke Sünn un mojen Wind.
Wenn de Regen över is, warrt dat Wedder goot.
Jo, dat Wedder is goot.
   ... dat is wat vörutseggt warrt.
Ik wull weten, wat de Sünn morgen schient.
Nich veel anners as güstern.
So warrt dat Wedder vundaag.
Wi kriegt denn (meisttiets) wedder (n beten)
   ... (blots noch wenig) veel ...
   ... dann berappelt sik dat gau.
Morgen wat fründlicher, pieselt blots noch af un an.
Dat Wedder is wedder nich so goot.
De Minschen maakt fründliche Gesichter.
Aver ok mit Storm un Smuddelwedder muss noch reken.
De stieve Wind üm de Ohrn haun.
Slecht Wedder gifft dat nich, aver falsche Kledaasch.
Wenn dat Unwedder denn vörbi is kummt de Sünn rut!
Kummt de Sneesmölt, sünd de Stroten schietig un natt.

Bannig kabbelig hüüt!
Morrn is dat denn 'n beten fründlicher.
(Vun)wegen dat slechte Wedder blievt wi to Huus.
Ganz as dat Wedder warrt, gaht wi rut or nich.
Wenn't regen will, regent.
De Wind mag kamen, woher he will.
No'n Regen leggt sik de Wind.

Regen

Mutt dat denn jümmers denn regen,
 ... wenn ik op 'n Weg no Huus bün?
Un af un to schütt dat mol düchtig vun boven.
Mit de Regen musst du di affinnen.
Tegen Nomiddag lett de Regen no.
Mit hen un wedder Regen.
Af un to spüttert (schuert, pladderd) dat.
Enkelte Schuur vun (Nissel/Schmuddel)Regen.
Dat blifft dröög.
Dat kann natt vun boben komen.
Schall't woll dröög blieven.
Kann't hen un wedder beten Regen.
Ümmer mol en lütten Schuer bringt uns ok de Freedag
Mit korte (enkelte) Schuern
Dat blifft meist dröög.
De Sünndag kümmt mit Wulken, korte Schuer, Gewidder.
Morgen fröh treckt de Regen denn wedder weg.
De Schangs op natt vun boben (op 'n nattes Fell)
 ... steiht/liggt bi 95%.
Nomidags blifft dat dröög un de Sünn kiekt rut.
Morgen wat fründlicher, pieselt blots noch af un an.
Morgen kriegt wi to´n Deel düchtig Regen.
Meist vele Wulken,
 ... un ut de kann dat ok för en längere Tiet pladdern.
Dat regent.
Dat war(rt) klöternatt.

Gegen den Regen hölpt ok keen Schirm nich.
Wegen den Regen bliev ik to Huus.

Johrestieden

Mol ehrlich, is dat nich würklich de schöönste Johrstiet,
   ... de Sommer?
In Januar warrt de Daag länger un de Winter strenger.
April, jo de mookt wat he will.
Schient in'n Mai de Sünn an'n Heven,
   ... warrt ne gode Ernte geven.
Wennt in Juni toveel dunnert,
   ... warrt de Sommer nich besünners.
Scheun/Schöön Wedder gifft
   ... wenn de Nevel över de Felder un Wieschen weiht.
In 'n August groote Hitten, warrt de Winter witten.
Is de Oktober noch lau un warm,
   ... kann't noch lang nich Winter warrn.
Veel Regen in'n November, veel Snee in Dezember.
Wiehnachten in'n Snee, dat deiht so manchen Kiter weh.
Dat schall en hitten Sommer geven.
De Daag warrt länger, de Sünn steiht hoch an Heven.
De Daag warrt körter, dat is fröh duster.
In 'n Winter harr de Minsch jo Tiet to Bett to liggn.
Gifft in Sommer nix wat argerlicher is, as witte Been.

Kakenhitt un oorskolt

Dat sünd fief Grood.
Dat Thermometer steiht bi (geiht op) söben Grood.
10 Grood schall dat warrn.
Dat Thermometer sackt denn op bet to 2 Grood dol.
Dat Thermometer fallt op (krabbelt bet op) 19 Grood.
Föffteihn Grood sünd uns vörutseggt.
Bet hööchstens söbenteihn Grood.
Opstunns hebbt wi (bruttige) 27 Grood.

Un dat denn bi ümmer noch nich mehr as söbenteihn Grood.
Warmer as 12 Grood warrt dat aver wedder nich.
Dat warrt woll wedder so warm as hüüt.
Koolt un natt warrt dat.
Dat warrt al warmer.
Dat is kakenhitt.
Dat is oorskoolt/ieskoolt.
   ... bitterlich (kolt)
   ... böös (verköhlt)
Dat kunn koolt warrn.
Man mutt aver jümmers noch mol mit Nachfrost reken.
De Küll is jümmers togegen.
Richdig warm warrt dat liekers nich.
Ik freer.

Wulken

Hüüt hebbt wi vele Wulken.
Morgen treckt över Dag Wulken op.
Morgen hangt de Heven dann wedder vull mit Wulken.
Mit en Wessel vun Sünnschien un Wulken.
De Sünndag kümmt mit Wulken.
'n knallblauen Heven kriegt wi vundaag.
Vundaag veel dicke, griese Wulken mit düchtig Schuern.
Dat kloort op.
Düster Sturmwulken un witte Brandung.
Hüüt is de Heven meist wulkendüster.
Un ok mol Blau mank den Wulken.
Ut dichte Wulken fallt villicht beten Regen oder
Spütterregen.

Sünnschien

Bet to 13 Stünnen schall de Sünn schienen.
Bet to 9 Stünnen lang schient de Sünn bi 15 Grood.
Veel Sünn(enschien) un dröög bi bet to 32 Grood.

Vundaag schüllt wi de Sünn
   ... söben Stünnen lang to sehn kriegen.
Mit en Wessel vun Sünnschien un Wulken.
Hööchstens een Stünn Sünn.
De Sünn schall 12 Stünnen lang schienen.
Dat Wekenenn bringt Sünn.
De Sünn schall sik bet to 7 Stünnen
   ... blicken loten (uns tolachen).
Morgen gifft dat veel Sünn un dat is bi 26 Grood dröög.
Mit veel Sünn un en poor Wulken
   ... blifft dat bi 24 Grood dröög.
De Sünn kiekt rut.
De Sünn kriegt wi (hüüt) (gor)nich to sehn.
Wenn dat Unwedder denn vörbi is kummt de Sünn rut.
Af un an schient gor de Sünn.
Verjaagt Jo nich, aver vundaag lett sik de Sünn wedder sehn
   ... un dat schall dröög blieven.
De Sünn gifft uns vundaag söß Stünnen lang de Ehr.

Wind

Störm kümmt jümmer to verkehrte Tiet.
De Wind weiht swaak (lauh, flau),
   ... an de Küst in Moten, mit dree bit veer.
   ... ut Südwesten (oder steiht ok mol still).
   ... ut de Westenkant
De Wind kümmt (man) lauh (bit frisch) ut Nordoost.
Mengeleert sik dor 'n rischen bit starken Wind
   ... ut Südwest mank.
   ... an de Küst ok frisch (störmsch)
An'n Nomeddag lett de Wind bilütten no.
Bi 7 Grad weiht de Wind frisch bit dull,
   ... in Böen stürmsch ut Süüd-Oost.
De Wind weiht frisch,
   ... in Böen ok stark ut de Kant vun Noord-West,
   ... Starkde fiev bet söß.

In Boijen to'n Deel dull ut Südwest bit West.
Wohrschau: An de Noordseeküst kann
   ... vunavend en Stormfloot oplopen.
De Wind weiht stark un womööglich ok mol mit Stormböen.
Ok morgen blifft dat natt un böös winnig.

In Sellschop (In Gesellschaft)

Inköpen

Allns för en groot Mahltiet mit Broot, Botter, Kees un Schinken.
   ... un ok noch 'n Humpen Beer för jedeen.
To'n Fröhstück gifft dat Vullkoorn-Müsli
   ... un dröög Knäckebroot mit swatten Koffie.
Mi kannst mol ... mitbringen, dor heff ik jo so'n Jieper op.
Hebbt Se ...?
   ... un wat dat dor noch allns gifft.
   ... dat ok noch 'n beten grötter?
Hest Du ...?
Ik harr geern ...
Ik söök ...
Wo kann ik ... finnen?
Wat köst de ...?
Wo krieg ik ...?
Wo steiht ...?
Kriegt Se al wat?
Dank ok, ik kiek eerst mol.
Wat kriegt Se?
Wat schall't sien?
   ... Ik müch geern ...
So veel ...; 'n beten weniger /mehr ...
Müchen Se sünst noch wat?
Lilly - Bontje oder les?
   ... les geiht jümmers!

Is dat allens?
   ... Is goot. Ik nehm denn beide.
Möögt Se mi dat inpacken?
Ik will geern bar (mit Kort) betahlen.
   ... Dat köst denn söben Euro föfftig.
   ... Is dat nich 'n beten düür?
Ik heff keen Lüttgeld.
All(ens) warrt dürer.
Kunn ik ... kregen?
   ... Wat för'n ... meent Se denn? Ik meen (de ...)
Dat is veel to düer.
Danke, dat stimmt so.

To Disch

Wat'n sülvst itt, smeckt jümmer an'n besten.
Hmmm - Helga's Bodderkoken,
   ... mi löppt dat Woter in't Muul tosamen.
   ... Lecker, kann ik di seggen, lecker!
Christa's Eerdbeerbisquitrull is een Droom.
   ... Mi leep al dat Water in't Muul tohoop.
Segg' mol Jess, wöllt wi nich bilütten mol wat eten?
   ... Mi hangt de Mogen al ganz scheef.
Minsch, heff ik Kohldamp, du ok?
   ... Wat hebbt Se denn för Gerichten?
Ik heff Hunger.
   ... Ik heff överhaupt keen'n App'tiet.
   ... Du un keen'n App'tiet? Dat's jo mol ganz wat Nee's!
Wat hest' to Meddag eten?
   ... Arfensupp, weer nich schlecht.
   ... Gah' mi af mit Arfensupp,
   ... Iesbeen op Suurkohl is wat feines.
   ... Wat dücht di to Fisch?
Glieks schall dat Avendbroot geven.
   ... Bi 't Eten gifft dat Wien
   ... Un achteran nen Pfeffi för'n Afsacker.

Na, nu drink man fein 'n Tass Koffi un denn vertellst du.
... Laat uns man eerst wat eten.
Koom her hier, laat uns man eerstmol 'n Lütten vertehren.
... Wat is dat denn nu wedder?
... Ok nich verkehrt.
Wüllt ji wat eten?
... 'n Kleenigkeit.
... ok wat to drinken?
Weest Se so goot un sett Se sik hen!
Sett Se sik doch!
Gah(t) sitten; sett di/ju daal!
Kannst al mol de Glöös herkriegen.
Aas nich so mit de Botter!
Wat wullt du hebben?
... Koffie oder Schokolaad.
... Ik eet an'n leevsten Fleesch.
Weetst du al, wat du hebben wullt?
... Ik nehm Currywuss.
... Düt ...
... Düsse Smoltkoken un Berliner.
... Desülve/datsülve, densülven, desülvige/datsülvige ...
... Pannkoken!
Dor heff ik ...
... Süht lecker ut.
Dat gifft Koffie un Koken.
... Düssen (Koken) mag ik nich.
... Woveel Sorten Koffie hest Du denn?
Giff mi ok so 'n!
Giff mi dat ... dor!
Denn wünsch ik goden App'tiet.
Mohltied!
Lang man to.
Langt Se to, bitte!
Wokeen will mien Broot?
Mien Magen harr sien Menen ännert.

... Dat mutt jo woll 'n besünneres Rezept sien.
Siet (dat) he sik satt eten hett, is he ok still.
Hett di dat smeckt?
   ... So dull weer dat nich.
   ... Also, mien ... hett smeckt.
   ... De smeckt all richtig goot.
   ... Weer fein anricht un hett lecker smeckt.
   ... Smeckt köstlich!
   ... Dat smeckt nich no em un nich no ehr.
   ... Pfui Deibel!
Dat Eten smeckt lecker.
   ... 'n beten gediegen smeckt dat jo, aver nich slecht.
   ... Ik heff jümmers noch Smacht.
Wat de Buur nich kennt, dat fritt he nich.

In'n Kroog

So jung koomt wi nich wedder tosamen.
Hebbt Se dor wat gegen, wenn ik
   ... mi hier mit an ehren Disch setten do?
      ... De Stohl is free.
      ... Sett se sik man dol.
      ... Sett di an uns' Disch.
      ... Büst uns vun Harten willkomen.
Man - dat gifft doch nix schönert as'n köhlet Blondet.
Een, twee Beer, dat kunn nich schaden!
   ... Na, meist warrt denn dorut dree und veer.
Ik do een ut.
Koom, drink eerstmol een (dorför hest du doch nu Tiet!)
För'n Klöhnsnack ... un Kortenspelen
Ik segg Bescheed.
Laat uns mol föfftehn maken.
Laat uns mol op de Swutsch gahn.
Laat uns een Disch reserveern, seker is seker.
Dörf ik Se to wat inladen?
Drinkt Se een'n mit?

Wat denn noch smeckt, dat is een Beer.
Eten un Drinken höllt Lief un Seel tosamen.
Ik heff Döst.
Maak mi man 'n Kann Koffi (dormit ik nich inslapen do)
Wokeen noch wat hebben will, de schall sik mellen.
Glieks mehr dorvun!
Düt (mien) Glas is noch half vull, dien aver al half leddig.
Dat half vulle is mien.
Allen Koffie hett he utdrunken.
Laat uns dat mol tosamenreken.
Geiht op mien Reken.
    ... Denn bedank ik mi ok veelmols.
Wo düür - so üm un bi?
Du hest noch een Beer bi mi goot.
Dat weern denn dree Euro.
Ik heff en gode Sellschop hier.
Dat weer en grootardigen Avend.
Weer en fein Avend.
Wi hebbt/harrn un en feinen Dag/Avend maakt.
Soveel Lüüd! brekenvull, proppenvull.
Wo kann ik hier mol
    ... Den lütten Mann de groote Welt wiesen.
    ... Strullern/Pullern?
    ... Op'n Lokus sitten?
    ... No de Peer kieken?
Bün glieks wedder dor.
    ... Wasch di achteran de Hann'n - hörst'd?

Picheln

Is de Kööm in'e Mann, is de Verstand in'e Kann.
Prost, Scholle, mit di drink ik an leevsten!
Na, nehmt wi noch en Lütten?
    ... Ehr dat ik mi sloon loot.
Ik heff 'n Brand.
Man ik heff doch gor nich so veel Döst.

Na denn, Prost!
Sik ...
　... ee'n antüdeln.
　... eenen ansupen (as wenn wi bregenklöterig weern!)
In Kööm versuupt mehr Minschen as in Water.
Beer nährt, Kööm tehrt.
Hest du ok so'n gräsigen Döst?
Mi is nu no 'n Beer.
Ik bruuk en Beer (Buddel)
Wullt du en Beer hebben?
Keen tweten (n'drütten, 'n veerten) Buddel? (Knallkööm)
Twee lüttje Lagen - eene för di? (Un eene för di!)
Hier steiht (ik drink) en Buddel starken Kööm.
Koom, maak uns 'n Buddel witten Wien op!
Ik segg al mol: Prost!
Dat is en richtig fienes Beer.
Brrr! - Piwarm - to 'n Afgewöhnen!
Weest wat? Wi drinkt noch 'n lütten Sherry.
Giff mi noch een Beer/Kööm.
Ik suup mi enen an.
Ik bün nich besapen (ik drink nie nix)
Up een Been kann keen Minsch stohn.
Een köönt wi noch verknuusen.
Nich lang snacken/schnacken, Kopp in Nacken.
He hett sik een'n antüdert.
　... Ik mark dor nix vun.
De poor Buddel Beer mark ik överhaupt nich.
Laat uns nich afsacken.
He nimmt sik noch een.
He hett to reel op'e Lamp goten.
He is dörch de Superee/ie krank worrn.
Wer weet, wat de hier anstellt,
　... wenn he eerst richtig duhn ist.
Woans markst du egens, dat du toveel drunken hest?
　... Dat süht man doch.

Mien Leevste(r)

Jeedeen söcht wat anners. Aver Kontakt söökt se all.
Ik will di wull kriegen, wenn ik di blots eerst heff.
Wullt mi hebben, magst mi lieden, kannst mi kriegen!
Schöön dat wi uns seht.
   ... Wüllt wi uns tosamen nich 'n netten Avend maken?
Dröff ik mi even vörstellen?
   ... Is dat nich 'n beten öllerhaftig?
Na, mien Lüttten, wo weer dat denn mit uns?
   ... Na, so lütt bün ik jo nu ok nich.
   ... Laat uns mol 'n beten klönen - blots wi twee.
Mien Seuten/Söten.
   ... Ik heff di leev.
Büst alleen?
Wo heetst Du?
Wo old ik bün? Wat hett dat denn dor nu mit to doon!
Wat arbeitst Du?
Hest 'n eegen Wahnung?
   ... Wat meenst dormit?
   ... Jo, heff ik.
Op wat för een School geihst Du?
In wat för een Klass büst Du?
Wat sünd Dien Hobbies?
   ... Koom, mien Deern, dorop drinkt wi een,
   ... dat mutt dorbi över sien!
   ... Du komischen Vagel.
Wat magst Du an 'n leevsten eten?
Wat för Musik höörst opleevst?
   ... Fünn ik interessant.
   ... Mi interesseer dat ok.
Wat magst Du drinken?
Wüllt wi danzen?
   ... du büst mi veel to hippelich.
Büst för den neegsten Danz noch frie?

... Oh, jo klor!
... Dat is fein, denn kannst du jo op mien Beer oppassen.
Na, mien söte Deern!
... Wat schöön/scheun, dat du dor büst.
Du gefallst mi goot.
... Ik mag di ok lieden.
Du büst schöön/schmuck/wunnerbor.
... Wullst mi op de Pelle rücken?
Du büst Single?
... Nö överhaupt nich.
... Wo kummst du dor denn op?
Wo du mi ankickst, ik weet nich, wat ik doon schall
... Wat is los mit di?
Nehm mi in 'n Arm. Hool mi fast (wenn Du mi leev hest).
... Man drück mi nich so dull.
Ik denk an di, jümmerto.
... Nu bliev aver op den Teppich.
... Du wullst di doch blots anköteln.
Wo ik Di wedderseh, warrt mi dat Hart licht.
... Ik erinner mi nich an di.
... Dat rappelt woll bi di in 'n Kopp?
Ik glööv, ik bün nervöös.
... Nich to glöven, wenn ik di so ankiek.
... Dat süht man.
Du büst dat, wat ik will, un wat ik al jümmers wull.
... Ik heff enen Keerl un enen Leevsten.
Sweety, du büst mi sofort opfullen.
... Dito!
... Ik weet nu, wat ik nie nich vergeten kann.
Wat büst Du för en schööne Fro!
... Ik weet.
... Ik heff di to 'n Freten geern!
Du hest mi sofort ümhaut.
... Deit mi Leed, man wat is dien Naam noch?
... Un nu bün ik mucksch.

Bün ik mit di, kribbelt dat wo noch nie
... Woans kann dat angahn?
... Nu holl mol dien Sabbel!
... Sabbelbüdel!
Nu dat ik di wedderseh, ...
... Na, mien Deern, wat seggst' nu?
... Ik heff noch 'n poor mehr op Loger!
... Deit nich nödig.
Wat Du seggst/deist, deit mi goot.
... Nu koom mol daal.
Wenn di wat fehlt, wenn du wat bruukst,
... denn koom man to mi.
... Ik bün mi nich so seker.
Roop mi an - Ik tööv op di.
... Na, dat laat man no.
Un woans schall dat mit uns nu wiedergahn?
... Dat weer ok fein.
... Giff mi mol'n Söten.
Dat is jo blots, woans schall ik dat seggen
... ik will en Kind vun di!
... Wat is los?
... Oh, velen Dank, ik heff noog Sex.
... Heff ik dat kloor? Du wullt en Kind?
... Kloor doch, man to.
Du bruukst Tiet, di to bedenken?
... Kannst mol ophören, mit dien Kinnerkriegen antogahn?
... Na denn, adjüüs ok.
Wenn ik mol 'n Deern krieg, de schall Jenny heten.
... Deit mi Leed, aver ik bün 'n anständiges Mäken.
Dat worr mi freien, wenn wi uns wedderseht.
... Wannehr köönt wi uns weddersehn?
Dröff ik mit Di gahn?
... Dat keem mi to pass.
Ik hool di ganz fast, will blots bi di ween.
... Ik hool dien Hand.

... Laat dat no!
Wo kann ik di faat kriegen?
... Du büst jo plemm plemm!
Wat hest Du för'n Telefonnummer?
... Ik kenn aver jo dien Naam nich.
Giff mi man mol dien Telefonnummer.
... De steiht in't Telefonbook.
... Dat is mien Telefonnummer...
... Dat wörr mi frein, wenn Du Di mellst.
Dröff ik noch mit Se op'n Tass Koffi no Huus komen?
... Mientwegen
... Aver blots ünner een Bedingen:
   ... in Bett warrt nich smöökt.
Wullt du - ik meen, wenn du Lust hest
... dor achtern wohn ik ...
... Wat geev ik dorför her!
... Dor is dat komood.
Schall ik di mol wiesen, wo ik to Huus bün?
... Ik bün noch gor nich mööd.
... Laat uns man noch 'n beten snacken!
Nix as rin in de gode Stuuv.
... Ik bün glieks wedder dor.
... Nu mook wi beid uns dat nett!
Miene Öllern koomt hüüt eerst bannig laat no Huus.
... Wi köönt de neegsden Stünnen so richtig geneten.
... Dor warrt nix vun. Dat geiht leider nich.
... Dat deit mi Leed.
So, nu maakt wi uns dat erst mol komodig, wat?
... Ik will gor nich weten, wat ik ohn di weer.
Ik weet blots, mien Leven weer ohn di öd un leer.
... Ik heff di vun Harten leev (graad so as du büst).
Nu haal op, mien Deern,
... du warrst mi jo woll 'n lütte Paus gönnen!
... Du seggst gor nich mehr, dat du mi leev hest!
Na, wat för een Kleed gefallt di op best?

... Dat, wat du (nich) anhest.
Wenn du hüüt bi mi blieven wullt,
    ... dennso mußt du di dien Bett sülvst maken.
    ... Ach, dat maakt mi nix ut!
Hest wedder mol to lang in'n Krog seten
    ... Un hest di fix en ansapen!?
    ... Ik glööv, du hest mi nich mehr so leev as fröher.
    ... Wonehm kummst denn dor op?

En Geschicht vertellen

Wat blifft, dat sünd Geschichten.
Wi schüllt vertellen vun Tieden, de vergahn sünd,
    ... aver nich vergeten.
Wat ik dor allens beleevt heff,
    ... dor kunn ik jo lang wat vun vertellen.
Ik mutt mit di wat bekakeln.
Heff ik di dat al vertellt?
    ... Al twee mol.
    ... Na, schoden kann't jo nich.
As ik annerdaags mol wedder, ... dink ik ...
Is jo mol opfullen, ...
Man wo ik dor nu so munter vun snack, ...
Düsse Geschicht ... dat glöövt mi keen Swien.
An düssen Dag (weer dat sogoor...)
So hett dat anfungen ...
Wenn ik dor so an denken do, ...
Ik mutt jümmers an ... denken.
Nu heff ik aver annerletzt ...
Man do keem dat al, ...
Denn bün ik ...
He keem mit ...
He weer nich dor.
Schaad ... heff ik dacht.
Dat weer ... (vun ... komen)
Un denn malöör dat. ...

Wi hebbt vun düt un dat snackt.
... hebbt vör uns hindruselt.
Ik heff dat komen sehn.
... is mi nich sülven passert, sünnern ...
Dat is een Kapitel för sik.
Hett allens ganz suutje anfungen...
Nu mööt Se dorto weten, dat ...
Menningmol weet ik nich, wo ik anfangen schall!
Mi wunnert jo, ...
... un so weer dat denn ok komen.
Dat löppt to'n Bispeel so af: ...
Un wiel dat mi sowat intresseert, heff ik mi ...
Man wat mi annerlest passeert is,
... dat geiht nu würklich to wiet!
Man annerlest harr ik 'n Beleevnis, dat hett mi doch in't Gruveln brocht.
Also, dat weer nämlich so: ...

Dit un dat (Dieses und Jenes)

Tellen

Een; eerst/e; eerstens; eenfach; eenmol.
Twee; tweet/twete; twetens; tweefach (duppelt); tweemol.
Dree; drütt/drüdde; drüttens; dreefach.
Veer; veert/e; veertens; veerfach.
Fief; föfft/e. Söß; sösst/e. Söben; söövt/e. Acht; acht/e.
Negen; neegt/e. Teihn; teihnt/e. Ölven; ölvt/e. Twölf; twölft/e.
Dörteihn; dörteinst/e. Veerteihn; veerteihnst/e. Föfteihn.
Sössteihn. Söventeihn. Achteihn. Negenteihn. Twintig.
Enuntwintig. Dörtig. Veertig. Föfftig. Sösstig. Söventig.
Achtig. Negentig. Hunnert. Tweehunnert. Dusend.
Tweedusend. Annerthalf. Tweeunhalf. To 'n drütten Mol.
Eenfach, tweefach/dubbelt, dreefach, veerfach, fieffach, ...

Veel un wenig

All	(alle, jeder, ganz)
Allens	(alles)
Böös	(bös)
Een	(ein)
En beten	(ein bißchen)
En poor	(ein paar)
Elk	(jeder, einige)
Elkeen	(ein-jeder)
Heel	(ganz)
Höllsch	(höllisch)
Jede, jeden, jeder, jedet	(jede, jeden, jeder, jedes)
Jeed	(jedes)
Jeedeen	(ein jeder)
Jichtenseen	(irgendein)
Jichtens	(irgendwie)
Keen	(kein)
Keen beten	(kein bißchen)
Luter/lutter	(lauter)
Mannich	(manch)
Männicheen/Mennigeen	(mancher, manches)
Mehr	(mehr)
Nix	(nichts)
Noog	(genug)
Richtig	(richtig)
Tähmlich	(ziemlich)
Tomminst	(wenigstens)
Utermaten	(außergewöhnlich)
Üterst	(äußerst)
Verdonnert	(verdonnert)
Verdüvelt	(verteufelt)
(Un)bannig	(unbändig, ungehemmt)
Veel	(viel)
Wat	(was)

Wenig (wenig)
Wel(e) (manche, einige)

Ünnerscheden

Wo liggt den dor de Ünnerscheed?
Smuck – schmucker – smuckst
Groff – gröver – gröövst
Groot – grötter – gröttst
Jung – jünger – jüngst
Koolt – köler – köölst
Lang – länger – längst
Oolt – öller – öllst
Goot – beter – best
Veel – mehr – mehrst/meist
... is grötter as ... ... is jüst so groot as ...
... dat een un anner ...
Allerbest
Bannig, böös, dull, heel, asig (sehr)
Bunter as bunt
Bides dat (während)
Dat is dat Best(e)
Dat is dat gröttst(e)
Duller as dull
Grieser as grau
Gröver as groff
Indem/indes dat (während)
Mehrsttiets
Menningmol
Nich mehr/länger ... as
Nich ganz dull, aver tominst 'n beten.
Ofschoonst (obgleich)
So gau as 't geiht
Staats dat (anstatt dass)
Wogegen (wohingegen)
Wenngliek (wenngleich)

Disse un jenne (Diese und Jene)

Ik, du, he, wi/ji/se

Arbeiden: Ik arbeid (Präsens/Gegenwart), Ik arbeid (Präteritum/Vergangenheit), Ik heff arbeidt (Präsensperfekt/vollendete Gegenwart). Du arbeidst (Präs), Du arbeidst (Prät.), Du hest arbeidt (Präs. perf.). He arbeidt (präs), He arbeid (prät.), He hett arbeidt (Präs.perf.).

Drepen: Präs.: Ik dreep, Du drippst, He/se drippt, Wi/ji/se dreept. Prät.: Ik dreep, Du dreepst, He/se dreep, Wi/ji/se drepen.

Doon: Präs.: Ik do, Du deist, He/se deit, Wi/ji/se doot. Prät.: Ik dee, Du deest, He/se dee, Wi/ji/se deen. Imperativ/Befehlsform: Do!, Doot!

Begünnen: Präs.: Ik begünn, Du begünnst, He/se begünnt, Wi/ji/se begünnt. Prät.: Ik begunn, Du begunnst, He/se begunn, Wi/ji/se begunnen. Imp.: Begünn!, Begünnt!

Bringen: Präs.: Ik bring, Du bringst, He/se bringt, Wi/ji/se bringt. Prät.: Ik broch, Du brochst, He/se broch, Wi/ji/se brochen. Imp.: Bring!, Bringt!

Denken: Präs.: Ik denk, Du denkst, He/se denkt, Wi/ji/se denkt. Prät.: Ik dach, du dachst, he/se dach, Wi/ji/se dachen. Imp.: Denk!, Denkt!

Dörven: Präs.: Ik dörv, Du dörvst, He/se dörv, Wi/ji/se dörvt. Prät.: Ik dorv, Du dorv, He/se dorvst, Wi/ji/se dorv.

Drinken: Präs.: Ik drink, Du drinkst, He/se drinkt, Wi/ji/se drinkt. Prät.: Ik drunk, Du drunkst, He/se drunk, Wi/ji/se drunken. Imp.: Drink!, Drinkt!

Eten: Präs.: Ik eet, Du ittst, He/se itt, Wi/ji/se eet. Prät.: Ik eet, Du eetst, He/se eet, Wi/ji/se eten. Imp.: Eet!, Eet!

Finnen: Präs.: Ik finn, Du finnst, He/se finnt, Wi/ji/se finnt. Prät.: Ik funn, Du funnst, He/se funn, Wi/ji/se funnen. Imp.: Finn!, Finnt!

Gahn: Präs.: Ik gah, Du geihst, He/se geiht, Wi/ji/se gaht. Prät.: Ik gung, Du gungst, He/se gung, Wi/ji/se gungen. Imp.: Gah!, Gaht!

Geven: Präs.: Ik geev, Du giffst, He/se gifft, Wi/ji/se geevt. Prät.: Ik geev, Du geevst, He/se geev, Wi/ji/se geven. Imp.: Giff!, Geevt!

Hebben: Präs.: Ik heff, Du hest, He hett, Wi/ji/se hebbt. Prät.: Ik harr, Du harrst, He harr, Wi harrn. Imp.: Heff!, Hefft!
Mien(e) (mein/e), dien (dein), sien (sein), ehr (ihr), uns/us (unser), joon/juun (euer), ehr (ihre)

Hölpen/Helpen: Präs.: Ik hölp (helfe), Du hölpst (hilfst), He/se hölpt (hilft), Wi/ji/se hölpt (helfen). Prät.: Ik holp/hölp (half), Du holpst/hölpst (halfst), He/se holp/hölp (half), Wi/ji/se holpen/hölpen (halfen). Imp.: Hölp! Hölpt!
Ji hölpt (helft), Ji helpen (halft), Ik will hölpen, He schall hölpen, Ik warr hölpen.

Komen/Kamen: Präs.: Ik koom/kaam, Du kummst, He/se kummt, Wi/ji/se koomt/kaamt. Prät.: Ik keem, Du keemst, He/se keem, Wi/ji/se kemen. Imp.: Kumm!, Kummt!

Könen: Präs.: Ik kann, Du kannst, He/se kann, Wi/ji/se köönt. Prät.: Ik kunn, Du kunnst, He/se kunn, Wi/ji/se kunnen.

Kriegen: Präs.: Ik krieg, Du kriggst, He/se kriggt, Wi/ji/se kriegt. Prät.: Ik kreeg, Du kreepst, He kreeg, Wi/ji/se kregen. Imp.: Krieg!, Kriegt!

Maken: Präs.: Ik maak, Du maakst, He/se maakt, Wi/ji/se maakt. Prät.: Ik maak, Du maakst, He/se maakt, Wi/ji/se maken. Imp.: Maak!, Maakt!

Mögen: Präs.: Ik mag, Du magst, He/se mag, Wi/ji/se möögt. Prät.: Ik müch, Du müchst, He/se müch, Wi/ji/se müchen.

Möten: Präs.: Ik mutt, Du muttst, He/se mutt, Wi/ji/se muchen. Prät.: Ik muss, Du musst, He/se muss, Wi/ji/se mussen.

Nehmen: Präs.: Ik nehm, Du nimmst, He/se nimmt, Wi/ji/se nehmt. Prät.: Ik nohm, Du nohmst, He/se nöhm, Wi/ji/se nöhmen. Imp.: Nimm!, Nehmt!

Schölen: Präs.: Ik schall, Du schasst, He/se schall, Wi/ji/se schüllt. Prät.: Ik schull, Du schusst, He/se schull, Wi/ji/se schullen.

Seggen: Präs.: Ik segg, Du seggst, He/se seggt, Wi/ji/se seggt. Prät.: Ik see, Du seest, He/se see, Wi/ji/se seen. Imp.: Segg!, Seggt!

Sien/wesen/ween: Präs.: Ik bün, Du büst, He/se is, Wi/ji/se sünd. Prät.: Ik weer, Du weerst, He/se weer, Wi/ji/se weren. Imp.: Sie!, Sied!

Supen: Präs.: Ik suup, Du süppst, He/se süppt, Wi/ji/se suupt. Prät.: Ik soop, Du soopst, He/se soop, Wi/ji/se sopen. Imp.: Suup!, Suupt!

Warrn: Präs.: Ik warr, Du warrst, He/se warrt, Wi/ji/se warrt. Prät.: Ik wöör, Du wöörst, He/se wöör, Wi/ji/se wöörn. Imp.: Warr!, Warrt!

Weten: Präs.: Ik weet, Du weetst, He/se weet, Wi/ji/se weet. Prät.: Ik wuss, Du wusst, He/se wuss, Wi/ji/se wussen.

Wüllen: Präs.: Ik will, Du wullt, He/se will, Wi/ji/se wullt. Prät.: Ik wull, Du wusst, He/se wull, Wi/ji/se wullen.

He is ...

He (de Jung/Keerl/Deern) is
... en Bangbüx.
... en Faxenmaker.
... en Sabbelsnuut.
... en Grootsnuut
... en snippische Snuut.
... en Klookschieter!
... 'n olen Knacker.
... 'n utverschaamten Knacker.
... en Snacker!
... en Akkuraten
   (bi em mutt jümmers allens nipp un nau ween)
... en achtertückschen.
... en Minsch op den Verlaat is.
... en Mann, wo du di op verlaten kannst. (... op den du di)
... en goden Fründ.
... en beten wat hinfällig in' Kopp.
... en beten wat dummerhaftig.
... een vun de groten Mackers dor.

... schmuck.
... gau.
... klook.
... jümmers bannig (goot) op Draht.
... jüst so as ik!
... nich mehr to holen.
... nich mehr to helpen.
... so recht tofreden mit sik un de Welt.
... morrns de eerste, avends de letzte.
... noch ganz kregel.
... al wat klöterig (bregenklöterig).
... sowat vun nüüdlich.

De ...
... kennt keen Pardon.
... hett dat wohl nich nödig.
... hett recht.
... hett dat fuustdick achter de Ohrn.
... nich hören will, mutt föhlen!
... kummt eenfach nich in de Hufe.
... sik nich vörstellen ...
... kann dat nich begriepen.
... geiht dat nich goot.
... maakt mi ganz jiddelig mi sien dwatsche Sabbelee!

He/se ...

He/Se ...
... sitt Eier ut.
... is een Droom! Man an Slapen is nich mehr to denken.
... is överkandidelt.
... is würklich een wunnerbore Fro, ...
... is smuck un witzig, de Steffi.
... is besapen.
... stiggt em op'n Daken.
... snackt so lang, dat de Melk to Bodder worr.
... wüss Bescheed!

... mutt dor dörch.
... kriggt allens mit.
... kennt nich Mien un Dien.
... deit so, as harr he nix höört.
... kann dat nich in sien Brägen kriegen.
... hett wat op'e hoge Kant.
... freit sik op ...
... drömelt so vör sik hen.
... maakt dat to 'n Vernögen.
... schall sik wunnern!
... hett dor nix (mehr) vun weten wullt.
... kriegt de Tähn nich goot utnanner.
... will sik dor eenfach keen Gedanken üm maken.
... weer sowat vun opreegt.
... müss dat blots noch sien Öllern bipuuln.
... sweev in'n söventen Heven!
... schull sik wat schamen.
... is/weer jo nich dösig.
... will op Deubel kumm rut dörchhollen bit to'n Juli.
... mutt dat nu utboden.
... harr wohl 'n Rappel kreegen.
... lücht!
... snackt so etepetete.
... dröömt vun Eier, de morgen eerst leggt warrn schüllt.
... is wull dat leegsde Klatschmuul in't Dörp.

Över annere schnacken

Wenn een vun'n Düvel schnackt, is he nich wied.
Wat is dat (denn) för en (Keerl)?
Sien Noom heff ik vergeten.
Wat hett he denn seggt? To wat?
Wat maakt he denn dor?
Worüm seggt he denn nix?
Man he hett al een bannig grote Snuut!
He hett jo 'n Spleen! Bi em hack dat woll?

Je länger he reed, je duller keem he 'n Fohrt.
Wenn he mol ... (fardig, kloor is)
Dat wüss se in'n Momang noch nich.
Dat is Water op sien Möhl.
Dat harr ik den Dussel gor nich totruut!
De kann mi doch nix wiesmaken!
Na, nu warrt em dat to bunt
 ... He hett de Nees gestrichen vull!
Ik holl so lang to ehr, as se to mi.
Ik glööv, he hett dat maakt.
So hett he sik letzttiet woll en beten gahnloten.
Ik hoff dat he dat ok bald begriepen deit.
Ik heff dat nich begrepen, wat he dormit seggen wull.
Dat hett he in sien Erinnern woll
 ... so'n beten dörch'nannerkregen.
Dat harr he man beter nich seggen schullt.
Dor hett he sik scheun/schöön wat upsackt!
Ik arger mi doot över den Keerl!
Spott ni(ch) mit/över ... Du büst gemeen.
Wat he nich will, dat deit he nich.
Solang (as/dat) he slöppt, sünnigt he nich.
Se hebbt em in'e Mangel.
Se köönt sik op em verlaten.
Mit ... heff ik nich veel an' Hoot.
 ... op em laat ik nix kamen.
Schuld harr eegentlich ... hatt.
Ut em kann nix worrn hebben.
De gode Mann mutt mol löövt warrn.
De weet, wat he deit.
De is 'n Wunnerwark vun Modder Natur.
Wenn he an to snacken fangt ...
Wenn he anfangt/ophöllt to ...
Mol kieken, wat dat för een is.
Wat he weet, weet he!
Dat hett he so an sik.

Dat hett he wull insehn hatt.
Dat harr he man lever nich doon schullt.
Dat güng bi em in dat een Ohr rin
  ... un ut dat anner wedder rut.
  ..., so seggt he dat.
Dor kümmt de noch ganz vun sülvst op, dor kannst' op af.
Wi kunnen keen Lüüd utstahn,
  ... de sik so dull opspelen deen un allns beter wüssen.
Kloor, muddern is de Beste!
  ... Kunnst di bannig op ehr verlaten.
Jenny hett wat, dat annere Deerns nich hebbt.
Ik weet, ik kann mi op Olli, mien Broder, verlaten.
Liekers heff ik Petra leev.
  ... Över twintig Johr hebbt wi dat goot mit'nanner hatt.
Maike mag ik to un to geern, se passt in de Welt.
Smuck antosehn weer se, de Belinda, un kiten kunn se ok.
Mien Broderdeern Lea,
  ... Süsterjungs, Tom-Jonas un Ati's Buttje Jan-Luis,
  ... de heff ik würklich bannig geern.
Ursel un Hans sünd goothardig
  ... un helpt, wo't wat to helpen gifft
  ... un se sünd Plattsnackers!
Hans is noch een vun' ool'n Slach.
So weer he, uns Herbert -
  ... een harde Hand, aver en weeket Hart.
Trurig bün ik,
  ... dat Herbert un ik uns nienich weddersehn warrt
  ... Wi warrt di nie nich vergeten.

Tieden ännert sik, Frünnen blievt

Tieden ännert sik. Minschen koomt un gaht. Frünnen blievt. Jess is mi besünners neeg un hild. Wenn ik Jess bruuk, denn is he dor, un ümgekehrt natüürlich jüst so. Wi harrn jümmers wat to klönen. Siet ik to'n eersten Mol mienen Foot in Christa un Uwe's Huus rinsett heff, hett mi nie nich dat Geföhl verlaten, dat ik se mag. Se finnd't ok jümmers Tiet för'n Snack. Dat weer een Blick, mit Steffi, de weer so kort un so lang togliek. Lilly is een plietsche, fidele, lütte, söte, Deern, de al bannig fein nadenken kann. Scholle, Chrischi, Peter, Höppi, Wurbser - is al schöön, so vele gode Frünnen to hebben! Scholle is mien best Fründ bi't Kitesurfen. De hett jümmers Flusen in 'n Kopp un op't Muul fullen is Scholle nich. Aver bi em weet ik, wor ik an bün. Un wenn't op ankummt, is he al vör mi dor. Peter is sakenkünnig, saaklich un hett för jeden en poor fründliche Wöör. Toveel Snacken is aver nich sien Art. Scholle, Peter un ik sünd jichtens anners, un an'n un op'n Woter bekannt as en bunten Hund. Wurbser un Höppi sünd echte Kumpels, de gaht tohoop dör dick un dünn. Höppi un Eckhard sünd een Hart un een Seel. Chrischi, uns Däänsch, de hett in dütt Johr een olen VW to'n komodigen Surfmobil ophübscht. Op miene Frünnen, dor laat ik nix op komen. De Jungs sünd dat Best an'n Oosten – gode Frünnen. Wi hebbt veel Spooß tosamen, köönt wunnebor klönen un Tüünkraam sabbeln. Aver wenn't wichtig is, warrt nich veel üm de heet Bree snackt. Ik mag de Art vun de Jungs un een Telefonflatrate is ne gode Investitschoon för de Trupp. Jedereen vun uns is op sien Oort un Wies afsünnerlich, un dat bringt Verbunnenheit. Wat mi besünners höögt is de Humor. Wi nehmt uns sülvst nich to eernst un een kunn sik ok geern mol sülvst veräppeln – wichtig is alleen dat wi Spooß hebbt.

Wörterverzeichnis

Aap, 48
Aas, 45, 101
Ach wat?, 44
Acht, 62, 110
Acht' dor man mol op, 85
Achteihn, 20, 110
Achter, 50, 73, 81, 89, 117
Achteran, 21, 25, 32, 53, 103
Achterbahn, 70
Achterkamen, 90
Achtern, 18, 76, 91
Achtersten, 14
Achtersteven, 58
Achtertückschen, 116
Achtig, 110
Adjüüs, 30, 107
Af, 29, 47, 69
Af un an, 25, 91, 94
Af un to, 95
Afbleven, 15
Afbögen, 17
Afbreken, 28
Affinnen, 85, 95
Afgewöhnen, 104
Afjachtert, 13
Afmaakt, 11, 12
Afsacken, 104
Afsacker, 100
Afsicht, 74, 79
Afsluut, 51
Afsproken, 78
Afsünnerlich, 121
Afsupen, 66

Aftöven, 22, 23, 55
Afwarts, 18
Afweten, 69
Afwiesen, 86
Ahn, 16
Ahnen, 79
Ahwat, 68
Akkuraten, 116
Al, 20, 22, 45, 49, 56, 73
Al dor, 12, 13
Al lang, 16, 59
Al wat, 42
Al wedder, 72
All, 40, 54, 70, 102
All neeslang, 25, 54
Alldag, 71
Alleen, 11, 43, 105
Allens, 16, 22, 68, 73, 75, 78, 82, 92, 100, 110, 111
Allens keem fein tohoop, 21
Allerbest, 27, 51, 52, 75, 112
Allerwarts, 18
Allerwegens, 18
Allerwo, 47
Allmann, 71
Allns, 43, 88, 99
Allns kloor, 27, 51, 94
Alltiet, 25, 31
Alltohoop, 66
An, 44, 50, 62, 78, 80, 82
An 'n Enn, 69
An 'n leevsten, 56, 105
An all dat, 52

123

An besten, 71
An de, 59
An mi, 77
An un för sik, 91, 92
An'n, 81, 98
An'n besten, 100
An't, 17, 41, 55, 71
Andaal, 18
Anfungen, 21, 109, 110
Angahn, 23, 33, 42, 43, 46, 66, 72, 87, 107
Angeiht, 40
Ankamen, 15
Ankickst, 106
Ankiek, 106
Ankiekt, 21
Ankomen, 14
Anköteln, 106
Ankummt, 121
Anmarsch, 15
Anner, 53, 69, 71, 73, 112
Annerdaags, 25, 109
Annere, 77, 118
Annerlest, 55, 69, 110
Annerletzt, 14, 25, 31, 109
Annermol, 13, 28, 79
Annern, 23, 89
Ännern, 78
Anners, 69, 71, 72, 73, 76, 78, 82, 85, 86, 90, 93, 94
Annerswat, 66, 74
Ännert, 37, 46, 50, 85, 121
Annerthalf, 110
Annertiets, 25
Annerwarts, 18

Annerwegens, 18
Anreknen, 26
Anricht, 102
Anroden, 61
Anropen, 12
Ansapen, 109
Anscheten, 46, 47
Ansmeert, 46, 63
Anstellt, 35, 104
Ansunsten, 58
Ansupen, 104
Anter, 32
Antogahn, 107
Antosehn, 120
Antüdeln, 104
Antüdert, 104
Antwort, 37
App'tiet, 100, 101
April, 96
Arbeid, 113
Arbeiden, 12, 82, 113
Arbeidst, 113
Arbeidt, 113
Arbeitst, 105
Arfensupp, 100
Arger, 58, 76, 119
Argerlich, 50, 66, 96
Argern, 49, 86
Arm, 57
As, 69, 70
As 't, 43, 112
As dat jümmer so is, 50
As se, 119
Asig, 37
August, 96

Avend, 23, 26, 103
Avendbroot, 100
Avends, 20, 117
Aver, 12, 20, 37, 41, 43, 66,
　78, 80, 83, 97, 106
Back, 18
Backs, 58
Baff, 42, 43
Bahnhoff, 20
Bammel, 58
Bang, 52, 55, 56, 58, 63
Bangbüx, 116
Bannig, 54, 74, 79, 81, 95,
　117, 118, 120, 121
Barg, 74, 90
Bargdol, 53
Bargop, 53
Bedenken, 107
Bedingen, 108
Bedregers, 59
Bedrüppelt, 55
Bedüüd, 78, 85
Bedüüt, 90
Been, 14, 96, 104
Beer, 103, 104
Begrepen, 70, 119
Begriepen, 56, 69, 117, 119
Begröten, 26
Begunn, 113
Begünn, 113
Begunnen, 113
Begünnen, 113
Begunnst, 113
Begünnst, 113
Begünnt, 113

Behilflich, 39
Beholen, 37, 41
Behool, 31
Bekakeln, 12, 109
Bekannt, 93
Bekieken, 49, 92
Bekloppt, 74, 86
Bekloppte, 67
Beknackt, 69
Beleevnis, 110
Beleevt, 109
Beleven, 16, 43
Berappelt, 94
Besapen, 104, 117
Bescheed, 16, 38, 41, 42,
　47, 71, 72, 93, 102, 117
Bescheten, 69
Beschicken, 35
Beschiß, 47
Beschnacken, 16
Besinnen, 21, 33, 78, 92
Besnacken, 16
Best, 75, 112, 121
Bestrieden, 81
Besünnern, 54
Besünners, 90, 96, 121
Bet, 30, 96, 97
Bet denn, 31
Betahl, 59
Betahlen, 100
Beten, 11, 12, 81, 85, 95, 97,
　102, 111, 116, 119
Beter, 53, 72, 82, 83, 112
Betern, 53
Betto, 25, 90

125

Betüdert, 54
Bi, 20, 21, 38, 51, 79, 96, 97
Bi 't, 71, 100
Bi di, 14
Bi di ween, 107
Bi lütten, 29
Bi'n, 70, 86
Bi'nanner, 69
Bidde, 58
Bides, 112
Bihuus, 18
Bikant, 18
Bilangs, 18
Bilütten, 41, 58, 63, 93, 98
Binanner, 59
Binnen, 24
Bipuuln, 118
Bispeel, 49, 72, 110
Bit, 29, 30, 62, 98
Bit nu, 41
Bit to'n, 118
Bit to'n negsten Mol, 30
Bitherto, 91
Bitt, 36
Bitterlich, 97
Blaff, 81
Blangen, 18
Blangenbi, 61
Blanke, 94
Blau, 97
Bleev, 78, 85
Bleven, 15, 28, 81
Blicken loten, 98
Bliev, 31, 96, 106
Bliev as Du büst, 61

Blieven, 62, 63, 82, 95, 109
Blievt, 121
Bliffst, 12, 13, 14, 29
Blifft, 22, 23, 95, 99, 109
Blinn, 70
Blots, 28, 31, 34, 38, 41, 42,
  45, 49, 51, 82, 105
Blots eerst mol weg, 16
Blots nich slapp maken, 63
Boben, 59, 95
Bodder, 75, 117
Bodderkoken, 100
Böen, 98
Böker, 89
Bölken, 65
Bontje, 99
Book, 31
Böös, 55, 79, 99, 111
Botter, 99, 101
Boven, 95
Brägen, 118
Brand, 103
Brandung, 97
Brass, 58
Bredullje, 62
Bree, 121
Bregen, 57
Bregenkassen, 48, 59
Bregenklöterig, 104, 117
Brekenvull, 103
Brett vör 'n Kopp, 59
Brickt, 80
Bring, 113
Bringen, 113
Bringst, 113

Bringt, 113
Broch, 113
Brochen, 113
Brochst, 113
Broder, 120
Broderdeern, 120
Broot, 99
Bruken, 74, 86
Brüllt, 46
Brummt, 58, 70
Bruuk, 11, 121
Bruukst, 37, 63, 65, 107
Bruukt, 37, 41
Buddel, 104
Bummelig, 12
Bün, 13, 14, 28, 58, 103, 115
Bunt, 119
Busbohnhoff, 17
Büst, 51, 52, 57, 106, 115
Büst du mall?, 44, 67
Büst tofreden, 33
Buten, 19
Butenvör, 19
Buttje, 120
Buur, 102
Büx, 43, 51, 55, 58, 59, 88
Cool blieven, 62
Currywuss, 101
Daag, 21, 96
Daal, 19, 51, 64, 101, 107
Daalkummt, 76
Daalwarts, 19
Dach, 15, 49, 113
Dachen, 113
Dachst, 113

Dacht, 48, 92
Daddeldu, 57
Dag, 16, 23, 53
Dag ok, 26
Daken, 117
Dämlack, 59
Damm, 52
Dammi, 33, 60
Dammich, 69
Dammijo, 22
Damminochmol, 46, 87
Damper, 76
Dank, 29
Dank ok, 27, 99
Dankbor, 52
Danken, 38
Danzen, 70, 105
Dat, 56
Dat bruuk ik nich, 64
Dat do man, 64
Dat freit mi, 54
Dat gah di woll, 52
Dat gehöört sik so, 63
Dat geiht kloor, 39
Dat gifft blots Arger, 76
Dat heet, 23
Dat hett mi jüst noch fehlt, 56
Dat hett so sien Mucken, 91
Dat holp je nix, 56
Dat hölpt nix, 77
Dat is doch al mol wat, 83
Dat is jo gediegen, 42, 48
Dat is mall, 67
Dat is nich lang her, 22
Dat is nu vörbi, 23

Dat is ok mien Menen, 85
Dat is schaad, 66
Dat is wegen, 33
Dat is wohr, 83
Dat krieg ik hen, 93
Dat kümmt mi topass, 75
Dat kunn later warrn, 14
Dat laat man no, 41
Dat laat uns man doon, 12
Dat leste Mol, 77
Dat liggt dor an, 71
Dat maakt mi nix ut, 109
Dat meen ik ok, 84
Dat passt mi, 14
Dat plaagt mi nich, 64
Dat schickt sik nich, 86
Dat steiht fast, 15
Dat sülvige, 50
Dat verstah een, de will, 88
Dat warrt al, 93
Dat warrt hoch Tiet, 29
Dat weer nix för mi, 76
Dat weer wull so, 71
Dat weer't doch, 31
Dat will ik seggen, 84
Dat wunnert mi nich, 68
Dat'n, 44, 71
Dat's, 36, 86, 93
Dat's doch woll nich wohr, 42
Datsülve, 51, 85
De, 16, 37
De hebbt se nich all, 67
De Kriggt wat to höörn, 14
De Saak is de, 51
De Snuut holen, 82

Dee, 113
Deel, 78, 95, 99
Deen, 113
Deenst, 12
Deep, 79
Deepdenkern, 69
Deern, 107, 108, 116, 121
Deest, 113
Deist, 12, 27, 32, 38, 47, 58, 88, 113
Deit, 35, 83, 106, 113, 119
Deit mi leed, 14, 79
Deit nich nödig, 107
Delen, 53
Denk, 113
Denken, 113
Denkst, 113
Denkt, 82, 113
Denn, 63, 69, 84, 92, 109
Denn mol beten dalli, 64
Denn wörr ik, 59
Dennso, 91, 109
Desülve, 101
Deubel, 118
Di, 11, 12, 80, 85, 88, 107
Di warr ik wat schieten, 59
Dicht, 69
Dick un dünn, 121
Dien, 103, 114
Dienen, 14, 88
Ding, 42, 70
Dingsdag, 24
Dinken, 47, 69
Direktemang, 17
Disch, 102

Dissen, 79
Dito, 106
Do, 59, 62, 102, 113
Do ik nich, 32
Do mi een Gefallen, 36
Do wat du wullt, 63
Dogesschau, 13
Dol, 59, 96, 102
Doog, 22, 51
Doon, 12, 14, 21, 69, 71, 77, 79, 81, 86, 88, 106, 113
Döör, 86
Döösbaddel, 9
Döösbattel, 67, 74
Dööskopp, 67
Doot, 43, 46, 55, 63, 80, 113, 119
Doot wi, 40
Dootagern, 67
Dor, 21, 22, 27, 33, 35, 37, 38, 42, 44, 45, 46, 48, 66
Dör, 121
Dor an, 56, 65, 84
Dor freu di man an, 44
Dor geiht't langs, 17
Dor is nix an to doon, 71
Dor is nix ut worrn, 89
Dor kannst nix an doon, 89
Dor kumm dat op an, 92
Dor segg ik du to, 93
Dor üm kümmern, 39
Dorbi, 38, 60, 77, 78, 81, 91
Dörch, 14, 17, 55, 104, 118
Dörch müßt, 62
Dörch'nanner, 56

Dörch'nannerkregen, 119
Dörchhollen, 118
Dörf, 32, 41, 46, 68, 102
Dörf ik, 31, 49
Dorför, 34, 37, 55, 78, 80
Dörft, 63
Dorgegen, 42, 47, 52, 56, 79, 82
Dorlanggohn, 17
Dormang, 19
Dormit, 21, 32, 69, 82
Dorno, 76
Dorop, 14, 54, 90, 105
Doröver, 41, 71, 90
Dörpen, 52
Dorso, 92
Dörteihn, 110
Dörtig, 110
Dorto, 36, 41, 44, 110
Dortwüschen, 11, 19
Dorum, 49
Dorüm, 33, 77, 87, 88, 92
Dorut, 102
Dorv, 113
Dörv, 21, 113
Dörven, 113
Dorvör, 12
Dorvst, 113
Dörvst, 29, 113
Dörvt, 62, 113
Dorvun, 42, 61, 67, 80, 103
Dösen, 23
Dösig, 88, 89, 118
Dösigen, 32
Dösigen Kraam, 66

Döst, 103, 104
Draapt, 30
Draht, 117
Dree, 21, 98, 103, 110
Dreep, 113
Dreepst, 113
Dreept, 26, 113
Drepen, 11, 12, 27, 113
Drink, 101, 102, 114
Drinken, 29, 101, 105, 114
Drinkst, 114
Drinkt, 102, 114
Drippst, 84, 113
Drippt, 113
Dröff, 33, 86, 105, 107, 108
Dröfft, 47
Drömelt, 118
Drömen, 43, 52
Dröög, 95, 97, 98, 99
Droom, 21, 53, 100, 117
Drööm, 87
Dröömt, 118
Drüdde, 110
Drullig, 75
Drunk, 114
Drunken, 114
Drunkst, 114
Drütt, 110
Drütten, 104, 110
Du leeve Tiet, 45
Du wullst woll, 58
Dubbelt, 110
Dücht, 73, 81, 100
Düchtig, 95, 97
Düer, 100

Duern, 21, 22
Duert, 22
Duhn, 104
Dull, 54, 56, 78, 98, 102, 106
Duller, 112, 119
Dullste, 75
Dumm, 89
Dumm lopen, 88
Dumm Tüüch, 40, 64
Dummerhaftig, 67, 116
Dunnersdag, 24
Dunnert, 96
Dunnerwedder, 42
Dunnmols, 25
Duntomol, 20
Duppelt, 110
Dürer, 100
Dusend, 110
Düsse, 40, 41, 47, 101, 109
Dussel, 44, 67, 119
Düssen, 42, 101, 109
Duster, 96
Düster, 97
Düt, 18, 101, 103, 110
Dütmol, 24
Dutt, 88, 89
Dütt, 87
Düttmol, 37
Duur, 12
Düür, 103
Duurt, 14
Düüster, 29, 64
Düvel, 31, 43, 70, 77, 118
Düvel nochmolto, 67
Eegen, 105

Eegens, 28
Eegentlich, 33, 44, 48, 57, 68, 75, 82, 94, 119
Een, 20, 21, 42, 67, 83, 110
Een Hart un een Seel, 121
Een mit'n annern, 85
Een or anner, 53
Een Satz anfangen, 60
Een un anner, 112
Een'n, 83, 102, 104
Eenfach, 42, 110, 118
Eenmol, 24, 29, 88, 110
Eenmol un nich wedder, 76
Eens, 25
Eenzigst, 82
Eer, 79
Eerdbeerbisquitrull, 100
Eernst, 44, 66, 68
Eerst, 20, 104, 105, 110, 118
Eerst mol, 13
Eerstens, 110
Eersterdaags, 25
Eerstmol, 23, 73
Eet, 114
Eetst, 114
Egen, 86
Egens, 38, 45
Egentli, 47
Egol, 57, 88
Ehr, 59, 98, 103, 114, 119
Ehr dat, 50
Ehrder, 13
Ehren, 48, 102
Ehrgüstern, 23
Ehrlich, 84

Ehrn, 67
Eier, 117
Elk, 111
Elkeen, 111
Em, 59
En, 21, 44, 56, 69
En beten, 11, 111, 116, 119
En beten wat, 87
En Geschicht vertellen, 109
En glücklich Tiet, 20
Endgültig, 23, 80
Ene, 77
Enen, 106
Enerwegens, 19
Enerwo, 19
Enkelte, 95
Enn, 21, 69, 85
Ennelk, 75
Entscheden, 79, 91
Entsinn, 21
Enuntwintig, 110
Erdregen, 55, 81
Erfunn, 78
Erinner, 106
Erinnern, 119
Ernte, 96
Erspoort, 81
Erstmol, 70
Eten, 20, 100, 102, 105, 114
Eten un Drinken, 103
Etepetete, 118
Even, 31, 32, 91, 105
Faat, 108
Faatkreeg, 59
Fackelt, 78

131

Faken, 24, 90
Fakener, 24
Fall, 72, 89
Fallt, 32, 47, 48, 55, 57, 67, 86, 96
Fang du nu ok an, 81
Fangt, 52, 59, 66
Fardig, 21, 37, 55, 64, 119
Fast, 50, 61, 66, 107
Fasttostellen, 41
Faten, 46
Faxenmaker, 116
Fegen, 86
Fehlt, 43, 56
Fein, 11, 21, 52, 57, 75, 107
Fein 'n, 101
Feinen, 73
Feldan, 19
Felder, 96
Fell, 59, 67, 95
Fidele, 121
Fief, 20, 96
Fien, 104
Fieravend, 11, 13
Fierdag, 30
Fiern, 54
Fingers, 59
Finn, 83, 114
Finnd't, 121
Finnen, 17, 99, 114
Finnst, 114
Finnt, 70, 114
Fisch, 100
Fisimatentenkroom, 57
Fix un fardig, 51

Flau, 98
Fleesch, 101
Fleger, 20
Flusen in 'n Kopp, 121
Flüstern, 85
Flutscht, 72
Föfft, 110
Föffteihn, 64, 96, 102, 110
Föffteihn maken, 11
Föfftig, 21, 100, 110
Föhl, 43
Föhlen, 117
Föhren, 29
Föhrst, 17
Fohrt, 16, 20, 30, 119
Foorts, 25
Foot, 121
Fööt, 16, 57
För, 34
För di, 39
För hüüt, 73
För'n, 121
För't, 29, 64
För'n, 86, 102
Förchterlich, 89
Forts, 29, 48
Förwiss, 41, 46, 55
Fraag, 31, 35, 85, 90, 91
Fraag em, 15
Fragen, 36
Fragt, 31
Free, 102
Freedag, 24, 95
Frei, 11, 52, 54
Frei di, 16

Freid un Spooß, 53
Freien, 107
Frein, 11, 52
Freist, 38, 53
Freit, 30, 39, 54, 55
Freten, 106
Freu, 54
Freugst, 35
Frisch, 98
Frisör, 74
Fritt, 102
Fro, 106, 117
Frogen, 31, 38, 46
Frogen no den Weg, 16
Fröh, 23, 24, 95, 96
Fröhe, 23
Fröhen, 23
Fröher, 20, 22, 91
Fröhstück, 99
Fründ, 29, 116
Fründlicher, 94, 95
Fründschop, 57
Frünnen, 121
Fruu, 17
Fuchtig, 30
Full, 48, 79
Funkschooneert, 53, 91
Funn, 114
Fünn, 78, 105
Funnen, 15, 31, 114
Funnst, 114
Furts, 94
Fusseln, 74
Fuul, 79
Fuustdick, 117

Gah, 15, 28, 57, 88, 114
Gah mi af, 67
Gah rut, 40
Gahn, 31, 47, 48, 54, 75, 78, 88, 107, 114
Gahn Se, 37
Gahnloten, 119
Gaht, 29, 114, 121
Gammelig, 56
Gang, 22
Gang un gäbe, 36
Ganz as du meenst, 85
Gäst, 26
Gau, 11, 15, 20, 28, 94, 112
Gauer, 13, 75
Gebongt, 11
Gedanken, 85, 118
Gediegen, 15, 42, 44, 48
Gedööns, 58
Gedüür, 13
Geern, 91, 100
Geev, 65, 74, 79, 114
Geevst, 114
Geevt, 114
Gefährlich, 76
Gefallen, 36
Gefallst, 106
Gefallt, 35, 54, 82, 108
Geföhl, 43, 60, 76, 84, 121
Gegendeel, 49
Gegentostüürn, 63
Gegenwind, 81
Geheemnissen, 40
Gehöört, 41, 63
Gehörn, 35

Geihst, 114
Geiht, 12, 27, 89, 90, 114
Geiht goot, 27
Geiht kloor, 93
Geiht nich, gifft 't nich, 84
Geiht't, 17, 84
Genierlich, 79
Geniol, 75
Genoog, 64, 73
Genöölt, 74
Geschicht, 40, 73, 109
Geschichten, 109
Geschmack, 86
Gesicht, 75
Gesichter, 94
Gespannt, 69
Getuschel, 50
Geven, 20, 21, 96, 100, 114
Gewaltigen, 57
Gewidder, 95, 97
Giern, 32
Giff, 101, 104, 114
Giffst, 114
Gifft, 44, 64, 71, 101, 114
Glas, 103
Glieker, 26
Glieks, 13, 46, 59, 76, 93, 103
Glöös, 101
Glööv, 43, 60, 69, 90, 106
Glöövst, 49
Glöövst dat?, 32
Glöövt, 58
Glöven, 42, 44, 63, 71, 84, 91, 106

Glück, 53, 70
Glücklich, 20
Gnick, 80
Gode, 30, 31, 119
Gode Fahrt, 28
Godes, 70, 85
Goh, 29
Gohn, 65
Gönnen, 108
Goot, 27, 53, 72, 112
Goot to Weg, 28
Goothardig, 120
Gor, 68, 79
Gor nich, 49
Gor nich lang, 50
Gornich, 81
Gornix, 88
Goten, 104
Graad, 83
Grandiosen, 94
Gräsig, 43, 79
Gräsigen, 104
Gräsiger, 73
Gratuleeer, 31
Gresig, 89
Grien, 53
Griese, 97
Griff, 50
Grips, 88
Groff, 112
Grood, 96, 97
Groot, 112
Grööt, 30
Grootardig, 103
Groote, 103

Grootsnuut, 116
Gröövst, 112
Grote, 37, 69
Groten, 91
Grötter, 99, 112
Gröttern, 47
Gröttst, 112
Gröttsten, 70
Gröver, 112
Grund, 68, 71
Grünnen, 71
Gruut, 56
Gruveln, 110
Gung, 21, 22, 23, 114
Güng, 16, 23, 54, 55, 92
Gungen, 114
Gungst, 114
Günn, 74
Güstern, 24, 93, 94
Haas, 93
Hacken, 33
Half, 103
Halflang, 67, 88
Halfweegs, 72
Halve, 27
Halven, 90
Halvig, 19, 20
Hamborg, 20
Hammer, 59
Hand, 40, 71
Hand op 't Hart, 49
Hangen, 53
Hangt, 59, 97, 100
Hann'n, 103
Hannen, 69, 72

Harr, 15, 50, 79, 82, 84, 88, 91, 92, 94, 99, 114
Harr ik kunnt, 53
Harr nich veel an fehlt, 43
Harr't, 21
Harrjeh, 93
Harrn, 14, 46, 66, 75, 114
Harrst, 11, 21, 114
Hart, 43, 51, 52, 55, 121
Harten, 52, 102
Harvst, 24
Hatt, 54, 59, 82
Hau, 29
Haun, 94
Hauptsook, 13
Haut, 58
He hett sik verpisst, 28
He hett veel to doon, 15
Hebben, 29, 46, 55, 59, 67, 71, 101, 103, 114, 121
Hebbt, 114
Hebbt ji, 22
Heel, 13, 23, 24, 31, 69, 73, 75, 91, 94, 111
Heet Bree, 121
Heetst, 27, 105
Heff, 15, 48, 79, 91, 103, 105, 114
Heff ik dat kloor, 90
Heff ik denn ok maakt, 63
Hefft, 27, 114
Helen, 16, 24
Help, 39
Helpen, 16, 32, 37, 38, 39, 86, 117

Helpen deit, 39
Helpt, 85
Hen, 17, 36, 37, 46, 79, 93
Hen un her, 69
Hen un wedder, 95
Hendaal, 46
Henkregen, 72
Henkriegen, 93
Herkriegen, 101
Herrlich, 53
Hest, 12, 20, 45, 59, 70, 100, 101, 108, 114
Hest dat al höört, 32
Heten, 45, 86
Hett, 22, 30, 32, 110, 114
Heven, 96, 97, 118
Hild, 13, 28
Hindruselt, 110
Hinfällig, 116
Hinkregen, 65
Hippelich, 105
Hitten, 96
Hochdüütsch, 9
Hohn, 70
Hol dien Snuut, 40
Hol mi op, 82
Holen, 82, 85
Holl, 57, 119
Holl di fast, 66
Holl dien Muul, 59
Hollen, 41, 58, 61
Höllsch, 111
Hollt, 62
Höllt, 103
Holp, 56, 114
Hölp, 37, 114
Holpen, 114
Hölpen, 114
Holpst, 114
Hölpst, 114
Hölpt, 66, 77, 92, 114
Holt ju stief, 28
Hööchstallerbest, 51
Hööchste, 15
Hööchstens, 96, 98
Höögt, 121
Hool, 30, 41, 55, 57, 58, 63, 67, 106
Hool di munter, 30
Hool di stief, 30
Hool op, 64
Hoolt, 46
Hoop, 79
Hööp, 73
Höör, 46, 86
Höörn, 14, 30
Höörst, 80, 105
Höört, 32, 35, 40, 75, 80
Höört mol to, 68
Hoot, 49, 119
Höpen, 12, 85
Hören, 88
Hörst, 12
Hörst'd, 103
Hufe, 117
Hulen, 56
Humpen, 99
Hund, 42
Hunger, 100
Hunnert, 110

Hupen, 70
Hüttodags, 24
Huul, 57
Huus, 20, 29, 95, 96
Hüüt, 36, 41, 54, 56, 73, 80, 86, 94, 95, 97
Hüüttodoogs, 26
Idee, 71, 83
Idiot, 58
Ielig, 13
Ielt, 13
Ies, 99
Iesbeen, 100
Ieskoolt, 46, 97
Ik bün, 13
Ik bün denn mol weg, 29
Ik dörv, 29
Ik find dat schaad, 66
Ik frei mi al, 11
Ik fünn, 60
Ik glööv, 60
Ik hau in Sack, 29
Ik heff dat jo glieks seggt, 83
Ik heff di leev, 105
Ik heff jo nich wüsst, 80
Ik heff keen Ahnung, 15
Ik kenn dat al, 93
Ik mark dor nix vun, 104
Ik meen, 60
Ik mutt, 11
Ik mutt nu los, 28
Ik schall, 20
Ik schiet di wat, 57
Ik segg al mol, 104
Ik segg Bescheed, 15
Ik seh di, 13
Ik suup mi enen an, 104
Ik warr verrückt, 42
Ik weet nich, 86
Ik weet vun nix, 40
Ik will mol seggen, 49
Ik wull weten, 94
Ik wünsch di wat, 30
Ik wuss nich, 17
Immer sutje, 22
In, 86
In 't, 66
In de Hand, 40
In düssen Momang, 41
In Moten, 98
In sien Erinnern, 119
In uns Leven, 90
In'n, 20, 89, 118
In'n Griff, 50
In'n Momang, 11
In'n Moors, 89
In't, 24, 37, 46, 69, 75, 110
In't Leven, 43
In'n Kroog, 102
Indem, 112
Indruck, 44
Infall, 94
Infallen, 37, 87
Inkieken, 33
Inköpen, 17, 99
Inlaadt, 55
Inladen, 102
Inladung, 11
Inlaten, 52
Inpacken, 100

Insehn, 82, 120
Inslapen, 103
Instellt, 14
Interesseer, 105
Interesseert, 88
Intowennen, 83
Intresseert, 110
Intwüschen, 25
Inverstohn, 82
Investitschoon, 121
Inwennen, 68
Is, 115
Is 'n, 66, 70, 85
Is al goot, 83
Is wat malöört?, 33
Is't, 26, 51, 73, 75
Is't her, 21
Itt, 100, 114
Ittst, 114
Jack, 51
Jackvull, 58
Jammer, 66
Januar, 96
Je, 60, 71, 73, 85, 90
Jede, 81
Jedeen, 88, 99
Jedeneen, 47
Jeedeen, 9, 86, 105, 111
Jem, 41
Ji, 29, 50, 54
Jibberig, 55
Jichenswenn, 23
Jichtens, 111, 121
Jichtenseen, 111
Jichtenswat, 40

Jichtenswo, 16
Jiddelig, 117
Jieper, 99
Jo, 43, 73, 79, 84
Jo woll, 46
Jo, wat denn?, 38
Johr, 11, 21, 22
Johren, 21, 23
Johrestieden, 96
Johrn, 21
Johrs, 74
Jöökt, 59
Joon, 114
Jowoll, 84
Ju, 31
Juchheien, 53
Juckel, 18
Jümmer, 14, 32, 50, 67, 92
Jümmers, 12, 17, 20, 37, 54,
 68, 76, 97, 121
Jümmerto, 106
Jung, 44, 112, 116
Jungedi, 44, 80
Jünger, 112
Jüngst, 112
Jüst, 19, 20, 41, 45, 51, 66,
 68, 78
Jüst so, 75, 83, 112, 121
Jüstemang, 82
Jüstso, 82
Jux, 88
Kaam, 114
Kaam wedder, 30
Kabbelig, 95
Kakenhitt, 96, 97

Kamen, 41
Kann, 103, 115
Kann't, 28, 44, 73, 88, 95, 96
Kannst, 32, 33, 49, 90, 115
Kant, 98, 118
Kapeert, 72
Kapitel, 110
Keem, 15, 66, 75, 87, 114
Keemst, 114
Keen, 31, 45, 111
Keen Bang, 64
Keen Schangs, 11
Keen Sorg, 93
Keeneen, 41, 56, 70, 81, 88
Keerl, 59, 116, 118, 119
Kees, 99
Kemen, 114
Kiek, 61, 68, 99
Kiek an, 42
Kiek mol, 60
Kiek mol wedder in, 30
Kieken, 56, 88, 103, 119
Kieker, 59
Kiekt, 95, 98
Kinner, 70, 77
Kinnerkriegen, 107
Kinners, 50, 60, 90
Klacks, 62, 75, 93
Kladderradatsch, 48
Klammerbüdel, 80
Klamüster, 70
Klapp, 29
Klappt, 62
Klass, 105
Klatschmuul, 118

Kledaasch, 94
Kleed, 108
Kleenigkeit, 101
Klei, 57, 67
Klingt, 75
Klipp un klor, 59
Klock, 14, 19
Klockentiet, 19
Klöhnsnack, 102
Kloken, 36
Klöker, 81
Klönen, 12, 105, 121
Klook, 74
Klookschieter, 87, 116
Kloor, 44, 49, 50, 59, 66, 82, 84, 93, 94, 107
Kloorkoom, 51
Kloorkümmst, 61
Kloort, 97
Klopperee, 59
Klöterig, 56, 117
Klöternatt, 95
Klüüsen, 59
Knacker, 116
Knall, 57
Knallblauen, 97
Knallkööm, 104
Knappe, 17
Knööp, 59
Kodderigen, 57
Koffi, 101, 103
Koffie, 101, 103
Kohl, 77
Kohldamp, 100
Koken, 101

Köler, 112
Komen, 11, 12, 42, 45, 110, 114, 121
Kömen, 13
Komischen, 105
Komodig, 52, 108
Komodigen, 121
Komood, 108
Könen, 52, 115
Kontor, 66
Köölst, 112
Koolt, 97, 112
Koom, 64, 79, 101, 107, 114
Kööm, 103, 104
Koomen, 11
Koomt, 102, 114, 121
Köönnt, 80
Köönt, 11, 19, 21, 32, 37, 41, 84, 104, 107, 115, 119
Köönt Ji, 32
Koorn, 70
Kopp, 21, 36, 53, 59, 65, 67, 74, 84, 104, 106, 116
Kort, 95, 100, 121
Körtens, 25
Kortenspelen, 102
Körter, 96
Köst, 21, 69, 100
Köstlich, 102
Köter, 44
Kotterig, 38, 56
Kraam, 72, 88, 90
Krabbelt, 96
Krank, 104
Kreeg, 46, 115
Kreepst, 115
Kregel, 117
Kregen, 59, 100, 115
Krempel, 50
Kribbelt, 107
Krieg, 43, 48, 115
Kriegen, 105, 108, 115
Kriegt, 93, 99, 115
Kriggst, 115
Kriggt, 37, 58, 115
Krintenkacker, 58
Kroog, 19
Kroom, 47, 56
Krüüz un queer, 17
Krüüzwies, 47
Kuddelmuddel, 86
Küll, 97
Kumm, 12, 31, 64, 114, 118
Kümmern, 39, 67
Kummst, 45, 51, 81, 114
Kümmst, 11, 14, 27, 36, 44
Kummst mit?, 13
Kummst torecht?, 38
Kummt, 13, 23, 90, 114
Kümmt, 11, 15, 27, 43, 66, 87, 98
Kummt mi graad to pass, 83
Kumpels, 121
Kunn, 19, 42, 55, 56, 97, 115
Kunn't, 55, 76
Kunnen, 22, 32, 92, 115
Kunnst, 32, 115, 120
Kunnt, 21, 22, 46, 75
Künnt, 64
Küst, 98

Kuum, 55
Laag, 29
Laat, 13, 14, 19, 28, 38, 54, 64, 65, 70, 86, 90, 121
Laat dat man lever, 62
Laat dat no, 108
Laat di Tiet, 22
Laat di wat infallen, 37
Laat mi man, 38
Laatst, 14
Lach, 81, 89, 91
Lachen, 43
Lacht, 88
Lagen, 104
Lamp, 104
Landstraat, 18
Lang, 14, 21, 22, 48, 109, 112, 121
Lang de Straat, 17
Lang man to, 62, 101
Lang un breet, 32
Länger, 96, 112
Langs, 17, 18
Längst, 112
Langt, 101
Laten, 63, 79
Later, 26
Latten, 82
Lau, 96
Lauh, 98
Lecker, 101
Leddig, 75, 103
Leed, 59, 79, 85, 106, 107
Leegsde, 118
Leep, 22, 100

Leest, 85
Leev, 34, 69, 70, 105, 106
Leeve, 45
Leever, 42, 56, 86
Leevste, 105
Leevsten, 74, 105, 106
Leevt, 69, 70
Lege, 78
Legen, 73, 92
Leger, 72
Legg, 64
Leggt, 93, 95, 118
Lehren, 69
Lehrt, 79
Leidige, 33
Lepen, 21, 23
Leste, 24, 77
Lett, 58, 70, 98
Letztdaags, 25
Letztenns, 25
Letzttiet, 119
Leven, 47, 52, 69, 70, 108
Lever, 14, 64, 79, 83, 120
Licht, 41, 50, 55, 56, 65
Lichter, 77
Lieden, 32, 86, 105, 106
Lief un Seel, 103
Liekers, 56, 69, 83, 97, 120
Liekerwies, 69
Liekut, 17
Liggen, 51
Liggn, 96
Liggt, 18, 34, 38, 71
Loff un Schell, 73
Lögen, 81

Lögenhaftig, 47
Loger, 107
Lokus, 103
Loop, 43
Loot, 73
Loot goot sien, 61
Lopen, 17, 79, 89
Löppst, 13
Löppt, 17, 46, 51, 71, 75, 92, 93, 100, 110
Löppt un löppt, 13
Los, 38
Losgahn, 28
Losgeiht, 16
Loten, 87
Loter, 24, 56
Luert, 69
Lust, 36, 65, 86
Lustig, 11
Lütt, 69, 79
Lütt beten, 14
Lütte, 108, 121
Lütten, 95, 101, 103, 104
Lüttgeld, 100
Lüttje, 104
Lüüd, 43, 48, 61, 62, 63, 67, 70, 76, 85, 88, 103
Luurn, 76
Luurt, 11, 14, 42
Luust, 48
Maag, 56
Maak, 86, 88, 115
Maak dat goot, 31
Maak to, 36, 63
Maakst, 28, 35, 73, 91, 115

Maakt, 20, 31, 59, 63, 73, 89, 94, 115
Maakt wi, 64
Maanden, 24
Mach, 49
Mach ween, 60, 91
Mackers, 116
Mag, 91, 115
Magen, 101
Magst, 32, 105, 115
Magst woll seggen, 33
Mahlt, 13
Mahltiet, 99
Mai, 96
Maken, 35, 39, 45, 58, 63, 64, 65, 66, 78, 89, 115
Mäken, 107
Mall, 44, 57, 81, 87
Malöör, 21, 48, 79, 88, 109
Malöört, 33, 88
Malören, 34
Man, 14, 76, 106
Man allens, 69
Man blots, 71
Man jüst, 60
Man to, 63
Man wenn, 75
Mangel, 119
Mank, 97, 98
Mann, 103
Mannich, 111
Männicheen, 111
Männichmol, 25
Mannigmol, 60, 69
Manningmol, 25, 60

Manschetten, 55
Mark di dat, 49
Marken, 37, 49, 60
Markt, 44
Meckern, 32
Meddageten, 23
Meen, 62, 82, 84
Meenst, 32, 35, 37, 44, 80, 85, 92
Meent, 89, 100
Mehr, 112
Mehr as eenmol, 85
Mehrst, 112
Mehrsttiets, 25, 112
Meinzeit, 44, 56
Meist, 21, 43, 71, 77, 112
Meist her, 21
Meist nich, 55
Meistieds, 66
Meistiets, 69
Meisto, 22
Meisttiets, 24, 81
Meld, 30
Melk, 117
Mellen, 103
Mellst, 109
Menen, 78, 83, 84, 85, 101
Mengeleert, 98
Mennigeen, 111
Menningmol, 110, 112
Merrn, 23
Meschugge, 57
Meters, 79
Mi, 12, 14, 15, 40, 68, 86, 105, 119

Mi ducht, 81
Mi is meist, 43
Mi köönt se all mol, 47
Mi weer al kloor, 94
Mi't, 16
Middag, 20, 23
Middeweken, 24
Middewiel, 25
Midem, 25
Mien, 27, 103
Mien Doon, 14
Mien Seuten, 105
Mienentwegen, 77, 85
Mienswegen, 28
Mientwegen, 108
Mienwegen, 32, 83
Minner, 43
Minsch, 14, 22, 44, 48, 70, 76, 77, 104, 116
Minschen, 94, 104
Minschenskind, 11
Minuten, 12, 14
Mist, 57, 88
Mit hatt, 82
Mit Jack un Büx, 51
Mit lang koom, 12
Mit Möh un Noot, 50
Mit'n Mol, 44
Mit'nanner, 120
Mitarbeider, 53
Mitbeleewt, 85
Mitgahn, 15
Mitkregen, 41, 48, 91
Mitteens, 25
Mitto, 25

Mitünner, 49, 64
Mogen, 51, 55, 100
Mögen, 115
Möh, 39, 50, 65, 79, 87
Möhl, 119
Mohltied, 101
Moin, 26
Mojen, 94
Mol, 12, 16, 29, 52, 65, 77, 95, 98, 107, 119
Mol ganz ehrlich, 60
Mol seggen, 66
Momang, 11, 42, 48, 53, 60, 64, 70, 119
Momentan, 92
Mööd, 108
Mööglich, 42
Möögt, 19, 100, 115
Möök, 44
Moondag, 24
Moondagmorgen, 23
Moors, 57, 59, 67, 89
Moot, 52, 55
Mööt, 12, 17, 29, 41, 48, 64, 76, 80, 81, 83, 85, 110
Morgen, 23, 95
Morgenstünn, 23, 24
Morrn, 23, 95
Morrns, 117
Mors, 81
Moten, 98
Möten, 115
Much, 28, 32
Müch, 29, 99, 115
Muchen, 115
Müchen, 99, 115
Müchst, 115
Mucksch, 55, 82, 106
Mudder, 41
Mulmig, 56
Murkst, 74
Muss, 115
Müß, 92
Mussen, 115
Musst, 62, 90, 115
Mußt, 32
Müsst, 42, 94
Musst di nix bi denken, 62
Mutt, 28, 29, 46, 50, 51, 55, 87, 115
Mütt, 50, 84
Mutt'n, 74
Muttst, 60, 115
Muul, 41, 57, 59, 100
Na, 28, 107
Naam, 27, 106, 108
Nääs, 57, 71
Nachfrost, 97
Nacht, 23
Nacken, 104
Nahst, 25
Namiddag, 95
Nämlich, 85, 110
Narrn, 70
Nasehn, 80
Natt, 94, 95
Nattes, 95
Natüürlich, 18, 121
Navend, 26
Naverdörp, 28

Nee, 47
Nee's, 24
Nee'ste, 81
Neegsden, 108
Neegt, 110
Nees, 59, 68, 119
Neeschierig, 40, 41, 55, 78
Neeslang, 25, 54
Negen, 110
Negenteihn, 110
Negentig, 110
Negsten, 30
Nehm, 43, 66, 79, 115
Nehm di in acht, 58
Nehmen, 115
Nehmt, 103, 115
Nervöös, 106
Nevel, 96
Nich, 14, 87, 97
Nich bang maken laten, 63
Nich lang fackeln, 64
Nich mehr lang, 12
Nich minner, 43
Nie nich, 13, 52
Nie un nümmer, 47
Nienich, 21, 46, 57, 120
Nimm, 115
Nimmst, 115
Nimmt, 115
Nipp un nau, 47, 77, 93, 116
Nix, 47, 73, 87
Nix as rut hier, 76
Nix dor, 48, 67
Nix för ungoot, 31, 37, 48, 68

No, 17, 19, 20, 36, 61, 62, 102, 103, 104, 107
Nö, 36
No all de Johrn, 41
No mi, 78
No'n, 19, 23, 95
No't, 23
Noch 'n poor, 107
Noch nie nich, 14
Nochmolto, 67
Nodacht, 76, 92
Nödelig, 13
Nodenken, 59, 70, 81, 92
Nödig, 37, 38, 63, 82, 117
Nodinken, 19, 50
Noföhlen, 56
Nohm, 115
Nöhm, 115
Nöhmen, 115
Nohmst, 115
Nokieken, 90
Noloten, 63
Nomeddag, 98
Nomiddag, 23
Nommidaags, 95
Noog, 86, 107, 111
Noom, 118
Noordseeküst, 99
Nööstens, 25
Noot, 50
Nordoost, 98
Noricht, 14
Normol, 50
November, 96

Nu, 15, 20, 23, 28, 29, 41,
   47, 48, 79, 82, 87, 104
Nu kiekt joo dat an, 43
Nu kümmst du, 69
Nu langt dat, 57
Nu maak mol halflang, 57
Nu mol sachen, 58
Nu nich, 46
Nu reeg di ni op, 57
Nu segg mol, 42
Nu tüdel nich noch rüm, 64
Nu ward't bilütten Tiet, 13
Nu weest' Bescheed, 85
Nüdschanix, 66
Nühlichst, 24
Nülich, 25
Nümmer, 47
Nüms, 15, 28, 41, 48, 54, 89
Nüüdlich, 117
Obschoons, 93
Öd, 108
Of, 15
Ofschoonst, 61, 112
Oftins, 21
Ogen, 43, 46
Ogenblick, 15, 31, 48
Ogenblick mol, 48
Ohn, 53, 108
Ohnmächtig, 43
Ohr, 74, 120
Ohrn, 58, 59, 67, 117
Ok, 23, 30, 32, 66, 67, 71,
   78, 80, 84, 98, 101
Ok al, 62
Oktober, 96

Ölben, 20
Old, 105
Olen, 49, 70, 116
Öller, 69, 112
Öllerhaftig, 74, 105
Öllern, 108, 118
Öllst, 112
Ölven, 20, 110
Ool, 29
Ool'n, 120
Oolt, 70, 112
Ooochnee, 86
Oorskolt, 96
Oort un Wies, 121
Oosten, 121
Op, 63, 97
Op 'n Damm, 52
Op af, 48, 62
Op best, 35, 108
Op bet to, 96
Op de anner Siet, 66
Op Deubel kumm rut, 118
Op Kritik reageren, 80
Op töven, 22
Op un daal, 51
Op'n, 51, 57, 84
Op'n Kieker, 59
Op'n Padd, 29
Op'nmol, 24
Op't, 14, 121
Op't leevst, 39
Op'n, 103
Op'n Kieker, 59
Op'n Mol, 88
Opbreken, 29

146

Opbringen, 13
Opfull'n, 31
Opfullen, 69, 74, 106, 109
Opholen, 28
Ophöllt, 119
Ophören, 107
Ophübscht, 121
Opkloren, 62
Opleevst, 105
Opletzt, 26, 82
Oplopen, 99
Oppassen, 65, 106
Oppasst, 62, 76
Opreegt, 118
Opregen, 24, 43, 45, 50
Opregt, 55
Opregung, 44
Opsnappt, 87
Opspelen, 120
Opstunns, 24, 96
Opwarts, 19
Över, 12, 29, 36, 48, 55, 67, 94, 119
Över annere schnacken, 118
Överall, 90
Överbeden, 75
Överbleven, 24
Överhand, 67
Överhaupt, 40, 61, 86, 87, 100, 104, 106
Överkandidelt, 117
Överkandideltes, 88
Överleggen, 11, 32, 65
Överleggt, 50, 61
Övermorgen, 23
Överraschung, 42
Översehen, 48
Översehn, 38, 72
Översnappt, 81
Pann, 42, 44
Pannkoken, 101
Paradies, 69
Pardon, 117
Pass, 107
Pass mol op, 61, 87
Pass op, 36, 62
Passeern, 34, 42, 43
Passeert, 20, 31, 37, 46, 71, 79, 110
Passen, 89
Passern, 73
Passert, 110
Paus, 108
Pedd, 59
Pedd to, 64
Peer, 18, 22, 103
Pelle, 106
Peper, 93
Pfui Deibel, 102
Picheln, 103
Pienlich, 56
Pieselt, 94, 95
Pingelig, 55, 81
Piwarm, 104
Plaagt, 64
Pladderd, 95
Platt, 27, 56
Plemm plemm, 108
Plietsch, 74
Plietsche, 121

Plietsches, 31
Plümerant, 55, 56
Pö a pö, 92
Poor, 14, 73, 104, 111
Pott, 58
Problem, 92
Proppen, 56
Proppenvull, 103
Prost, 104
Puckelee, 51
Pudert, 80
Pünktlich, 13
Pustekoken, 47
Puttegool, 48
Quarken, 27
Raad, 63
Raat, 61, 92
Rammdösig, 65
Rappel, 118
Rappelt, 106
Recht, 84
Rechttiedig, 40
Reckt, 87, 91
Reed, 119
Reeg, 27, 57, 75
Reell, 77
Reemen, 73
Regen, 94, 95, 97
Regent, 95
Rein, 76
Rein gor nix, 85
Reinweg, 55, 86, 89
Reken, 94, 97, 103
Reserveern, 102
Retour, 17

Richdig, 97
Richti, 75
Rieten, 73
Rin, 19
Rinsett, 121
Rischen, 98
Roden, 47
Roh, 29, 80
Röög, 61
Roop, 107
Roopt Se mi an, 36
Röppt, 16
Rotznees, 80
Röver, 19
Röverlopen, 15
Rüch, 46
Rüm, 18, 20, 36
Rümplagen, 38
Rümsabbeln, 50
Rümtomeckern, 80
Rünner, 17, 19
Rut, 41, 63, 76, 92, 98
Rut mit de Spraak, 40
Rutfinnen, 71
Rutkoom, 91
Rutkregen, 41
Rutkümmt, 47
Rutscht, 43
Ruut, 71
Saak, 51, 64, 89, 91
Saaklich, 121
Sabbel, 40, 57, 68, 107
Sabbelbüdel, 107
Sabbelee, 88, 117
Sabbeln, 74, 121

Sabbelsnuut, 116
Sachen, 58
Sachts, 82
Sack, 29
Sackt, 56
Saken, 88
Sakenkünnig, 121
Schaad, 66, 79, 109
Schaam, 79
Schaden, 102
Schafft, 85
Schall, 31, 36, 40, 46, 65, 66, 73, 79, 87, 90, 96, 99, 103, 106, 110, 115
Schall't, 95
Schallst, 40, 59, 65
Schallt, 48
Schamen, 118
Schangs, 11, 66, 95
Schann, 46
Scharp, 61
Schasst, 115
Scheef, 69, 89, 100
Scheer, 58
Scheert, 49, 76
Schees, 18
Scheet, 58
Schell, 74
Schenant, 56
Schereree, 82
Scheten, 55, 57
Scheun, 26, 96, 106, 119
Scheunen, 26
Schickt, 86
Schienen, 97, 98

Schient, 94, 98
Schier, 42
Schiet, 46, 57, 66, 67, 70, 75, 89
Schiet aver ok, 56
Schiet dat, 76
Schiet ok, 68
Schietdreck, 42, 56
Schietegool, 48, 72
Schieten, 59
Schietenbang, 56
Schietig, 94
Schimmer, 78
Schimpen, 59
Schimpst, 78
Schirm, 96
Schitt, 70
Schlimm, 76
Schlütig, 84
Schmuck, 106, 117
Schmucker, 112
Schmuddel, 95
Schnack di ut, 40
Schnacken, 12, 56, 64, 104
Schöh, 73
Schokolaad, 101
Schölen, 115
School, 82, 105
Schöön, 11, 54, 68, 81, 96
Schöön'n Schiet, 88
Schöönet, 30
Schöönste, 54
Schreck, 46
Schuer, 95
Schuern, 97

Schuert, 95
Schuld, 67, 119
Schull, 21, 36, 65, 115
Schullen, 115
Schullst, 63, 64
Schullt, 119, 120
Schüllt, 12, 29, 78, 80, 89, 98, 109, 115, 118
Schusst, 115
Schußt, 81
Schütt, 95
Schwachsinn, 57
Schwoor, 44
Schworer, 21
Se warrt dat nich glöven, 50
Se weet al, 85
Se weet al wat ik meen, 76
See, 15, 115
Seel, 51, 121
Seest, 115
Seet, 56
Segg, 41, 115
Segg mi doch een, 43
Segg mol, 61
Segg'n, 84
Seggen, 19, 29, 45, 50, 65, 68, 84, 88, 89, 115
Seggst, 84, 115
Seggt, 15, 83, 115
Seh, 13
Sehg to, 14
Sehn, 43
Seht, 26, 47, 105
Seker, 11, 33, 53, 90, 102, 107

Sellschop, 11, 103
Semp, 67
Sett, 101
Sett se sik, 102
Setten, 58, 102
Seuten, 105
Sherry, 104
Sie, 115
Sied, 115
Sieden, 90
Sien, 35, 114, 115, 118
Sienen, 43
Siet, 13, 21, 23, 27, 66, 102
Sietdem, 53
Sietwann, 81
Sik, 46, 58, 67, 119
Single, 106
Sinn, 71
Sinneer, 36
Sinneert, 93
Sinneren, 90
Sinnig, 22, 23, 57
Sitten, 101, 103
Slach, 66, 120
Slapen, 117
Slapp, 63
Slecht, 55, 92, 94, 102
Slechte, 70
Sleit, 55, 56
Sloon, 103
Slopen, 29
Slöppt, 119
Slutt, 58
Smeckt, 102, 103
Smoltkoken, 101

Smuck, 112, 120
Smuddelwedder, 94
Snack, 28
Snacken, 12, 56, 64, 68, 86, 104, 119
Snacker, 116
Snackst, 27
Snackt, 28, 110, 121
Snee, 96
Sneesmölt, 94
Snippisch, 116
Snuut, 37, 40, 82, 118
Snuutwark, 61
So, 83
So 'n Schiet, 46
So as, 79
So as annerletzt, 14
So as jümmer, 14
So is dat, 21
So is dat in't Leven, 77
So is dat ween, 20
So is't richti, 75
So lang, 14, 21
So lepen de Johrn hen, 21
So löppt de Tiet, 20
So maakt wi dat, 83
So üm un bi, 103
So un so, 54
So warrt dat, 82
So weer dat, 82
So weer't doch ok, 50
So wiet, 65
So wiet, so goot, 75
So'n, 56, 79
So'n beten, 79, 119

Söben, 14, 20, 96, 98, 100
Söbenteihn, 97
Söcht, 105
Socken, 42, 43
Sodennig, 85
Sodraad, 12
Söken, 16, 69, 71
Solang, 30, 48
Solang as, 84
Solot, 91
Sommer, 96
Söög, 76
Sook, 33, 77
Söök, 16, 75, 99
Söökt, 105
Soop, 116
Soopst, 116
Söövt, 110
Sopen, 116
Sorg, 73, 93
Sorgen, 52, 55
Söß, 14, 98
Sösst, 110
Sössteihn, 110
Sösstig, 110
Söte, 106, 121
Söten, 105, 107
Soveel, 78, 88, 90, 94, 103
Söventeihn, 110
Söventig, 110
Sowat, 42, 43, 58, 66, 67, 71, 76, 88, 117
Sowat aver ok, 69
Sowieso, 41
Sowiet, 39, 46, 66, 68, 72

Sowiet so goot, 72
Speel, 46, 50
Spektokel, 44
Spitz kregen, 41
Spleen, 118
Spooß, 30, 54
Spott, 64, 119
Spraak, 40
Spütterregen, 97
Süttert, 95
Staats dat, 112
Stah, 61
Stahnbleven, 49
Statts, 16
Steiht, 15, 96, 98, 104
Stell, 61, 92
Stickt, 50, 71, 89
Stief, 30
Stieve, 94
Stiggt, 117
Still, 98
Stimm, 42, 90, 91
Stimmen, 41
Stipp, 11
Stoh, 15
Stohl, 56, 102
Stohn, 104
Stolt, 53, 74
Storm, 94
Störm, 98
Stormböen, 99
Stormfloot, 99
Striet, 58
Stroot, 88
Stroten, 94

Stubben, 70
Stück, 42
Stunn, 20
Stünn, 14, 27, 94, 98
Stünnen, 13, 14, 97, 108
Stünnstiet, 20
Stürmsch, 98
Sturmwulken, 97
Stuuv, 19, 108
Südwest, 98
Südwesten, 98
Süh, 47
Sühst, 28, 47, 67
Sühst du, 93
Sühst wull, 47, 92
Sühstwoll, 61
Süht, 49, 73, 93, 101, 106
Sülm, 56
Sülven, 38, 53, 65, 74, 110
Sülvens, 67
Sülvige, 50
Sülvst, 42, 65, 120, 121
Summt, 70
Sünd, 11, 28, 30, 74, 96, 115
Sünn, 53, 94, 97
Sünnavend, 24
Sünndag, 24, 95, 97
Sünnerlich, 33, 51
Sünnern, 110
Sünnigt, 119
Sünnschien, 97
Süns, 63
Sünst, 52, 99
Supen, 116
Superee, 104

Süppst, 116
Süppt, 116
Süsterjungs, 120
Sutje, 22, 23
Suuer, 57
Suup, 104, 116
Suupt, 116
Suur Gesicht, 56
Suurkohl, 100
Suus, 12, 29
Suutje, 110
Swaak, 98
Swatten, 99
Sweev, 118
Swiegen, 40, 41
Swien, 58, 67
Swoor, 51, 79, 92, 93
Swung, 31
Swutsch, 102
T(o)rüchwarts, 19
Tach, 26, 30
Tähmlich, 51, 111
Tähn, 64, 118
Tanksteed, 17
Tass Koffi, 108
Teemlich, 52
Tehrt, 104
Teihn, 21, 110
Teihnt, 110
Tell een un een tosamen, 41
Tellen, 110
Theoter, 46
Thermometer, 96
Tieden, 21, 78, 121

Tiet, 11, 12, 20, 22, 32, 45, 65, 66, 81
Tietlang, 24
To, 32, 38, 118, 121
To de Tiet, 16
To Disch, 100
To Foot, 16
To Fööt, 18
To Huus, 20
To laat, 12, 70
To pass, 12, 83, 107
To rechter Tiet, 61
To un to, 53
To un to geern, 120
To veel, 55
To'n, 19, 31, 43, 53, 72, 79, 99, 118, 121
To'n Bispeel, 110
To'n Deel, 99
To'n lachen, 56
Toeerst, 13, 26, 70
Tofall, 35, 60, 71
Tofoot, 63
Tofreden, 27, 52, 56, 117
Tog, 20
Togegen, 97
Togeven, 50
Togliek, 121
Tohoop, 26, 75, 100, 121
Toi toi toi!, 63
Tolachen, 98
Tolaten, 86
Tolehren, 58
Toletzt, 26
Tominst, 92, 112

Tomoot, 56, 88
Tonööst, 25
Tooerst, 90
Tööv, 14, 22, 27, 61, 62, 107
Tööv dat af, 23
Tööv mol, 64
Töövt, 14
Topass, 75
Torecht, 38, 51, 88, 93
Törfkopp, 47, 59
Torüch, 16, 29
Torüchfohren, 17
Torüchfohrt, 18
Törüchkamen, 15
Tosamen, 12, 69, 102, 103
Tosamenreken, 103
Tosoom, 83
Tostimmen, 82
Totol, 43, 81
Totruut, 73, 119
Toveel, 39, 46, 96
Töven, 22, 65
Toversicht, 52
Tovör, 26
Toweg, 53
Tracht Prügel, 47
Trara, 82
Trechtkregen, 34
Trechtloopt, 70
Treck, 20
Trecken, 67
Treckt, 95, 97
Triumphtog, 74
Tro di wat, 64
Trödelst, 14

Troo, 46
Troostlos, 76
Trüch, 21, 29, 59
Trüchdinken, 21
Trurig, 51, 52, 56
Trurig bün ik, 120
Tscha, 73, 89
Tschulligung, 37, 79
Tschüüs, 29, 30
Tüdel, 32, 36, 49, 62, 64
Tüffelig, 74
Tung, 74
Tüüch, 64, 67
Tüüg, 37, 81, 89
Tuun, 82
Tüün, 61, 88
Tüünkraam, 68, 87, 89
Tüüs, 30
Tüüt, 86, 87
Twee, 13, 104, 110
Tweefach, 110
Tweehunnert, 110
Tweerlei, 73
Tweeunhalf, 110
Tweten, 104
Twetens, 110
Twiefel, 90, 91
Twintig, 23, 110
Twölf, 28
Twölft, 110
Twüschen, 11
Twüschentiet, 25
Üm, 19, 48, 84, 118
Üm't, 52
Ümgahn, 93

Ümgekehrt, 121
Ümhaut, 106
Ümkieken, 80
Ümlangsher, 19
Ümmer, 85, 95, 97
Ümsünst, 39, 66
Umtoröhren, 57
Un, 28
Un besten Dank ok, 18
Un nu, 21, 44, 91
Un wat schall dat, 91
Unbannig, 34
Unbehagen, 55
Ungewöhnlich, 91
Ungodes, 76
Ungoot, 31, 37, 68, 90
Unmööglich, 42
Ünner, 40, 79
Ünner'n, 74
Ünnerkamen, 33
Ünnerscheden, 112
Ünnerscheed, 112
Ünnerscheedlich, 91
Ünnerwegens, 11, 13, 16, 28
Ünnerwegs, 72
Uns, 114
Unseker, 91
Unwedder, 94, 98
Up, 30
Upsackt, 119
Us, 114
Ustohn, 55
Ut, 28, 58
Ut un vörbi, 23
Utboden, 118
Utdacht, 24, 77
Utdenken, 43, 91
Utdrunken, 103
Utermaten, 111
Utfreten, 35
Utholen, 41, 53, 55, 76
Utholn, 28, 54
Utkiekst, 57
Utklamüsert, 73
Utklamüstert, 54
Utknobeln, 65
Utnahm, 70
Utnanner, 118
Utnohmswies, 84
Utplappert, 40
Utsöken, 47, 52
Utstahn, 120
Utstohn, 43, 46, 86
Uttodinken, 42, 49
Uttohalen, 77
Utverschaamten, 116
Utwarts, 19
Vaddern, 41
Vagel, 105
Veel, 12, 23, 30, 37, 48, 76, 96, 97, 100, 111, 112
Veelmols, 38, 103
Veer, 20, 21, 98
Veerteihn, 20
Veerteihnst, 110
Veertel, 19, 20
Veerten, 104
Veertens, 110
Veertig, 110
Vele, 121

Velen, 37
Verafreed, 14
Verafscheden, 29
Verafscheed, 28
Veräppeln, 121
Verbaast, 45
Verbunnenheit, 121
Verdammi, 61, 68
Verdamminochmolto, 43, 68
Verdeent, 53, 64, 83
Verdonnert, 111
Verdubbeln, 53
Verdummbüdeln, 45, 67
Verdüvelt, 111
Verfeert, 43
Vergahn, 109
Vergang, 24
Vergeet wi dat, 76
Vergeiht, 20, 22
Vergeten, 14, 41, 52, 57, 70, 72, 75, 77, 79, 109, 118
Vergnögen, 28, 54
Verhalen, 23
Verhöllt, 31
Verjaagt, 43, 98
Verkackeiern, 81
Verkehrt, 61, 78, 89, 101
Verklaren, 36, 70
Verklookfiedeln, 11, 70
Verklooren, 70
Verkloort, 70
Verknuusen, 52, 104
Verköfft, 56
Verköhlt, 97
Verlaat, 88, 116

Verlaten, 39, 67, 119, 120, 121
Vernögen, 118
Verpisst, 28
Verplanten, 70
Verpusten, 13
Verroden, 40
Verscheden, 38
Verschütt, 73
Versöcht, 58
Versohlt, 58
Versöken, 70, 79, 83
Versöök, 65
Versöökt, 64
Verspreek, 40
Verstah, 44, 45, 47, 88
Verstahn, 78, 80
Verstaht, 59, 69
Verstand, 103
Versteihst, 40, 45, 47
Versteihst du, 41
Verstoh, 70, 71, 92
Verstohn, 82
Verstoht, 93
Versühst, 21
Verswennd't, 33
Vertehren, 101
Vertell, 38, 70, 87
Vertellen, 11, 38, 109
Vertelln, 50
Vertellst, 40, 65
Vertellt, 42, 45, 63
Vertrackt, 89
Vertwiefeln, 79
Vertwiefelt, 55, 89

Verwunnerlich, 66
Viddel, 19
Vigelinsch, 92
Villicht, 30, 46, 65, 67, 84, 85, 97
Vör, 12, 19, 20, 50, 78, 118
Vör'n, 24
Vörbi, 11, 13, 17, 58, 94, 98
Vördem, 26
Vörgahn, 72
Vörkamen, 23, 79
Vörmaken, 67
Vörmiddag, 23
Vörn, 17, 50
Vörn un achtern, 91
Vörschlag, 49
Vörsehn, 63
Vörslagen, 68
Vörsnacken, 63
Vörstellen, 68, 74, 83, 91, 105, 117
Vörstellt, 50, 76
Vörtostellen, 43
Vörut, 31
Vörutseggt, 94, 96
Vull, 57, 103
Vullet, 84
Vullkriegen, 58
Vun, 24, 27, 58, 83, 109
Vun allens, 70
Vun Harten, 52
Vun' ool'n Slach, 120
Vun'n, 118
Vunavend, 24, 26, 99

Vundaag, 12, 24, 26, 56, 84, 94, 98
Vunmiddag, 24, 26
Vunmorgen, 24, 26
Vunnacht, 26
Waak, 88
Wahnt, 70
Wahnung, 105
Walachei, 17
Wannehr, 14, 33, 107
Warmer, 97
Warr, 13, 42, 52, 58, 93, 116
Warrhaftig, 94
Warrn, 36, 45, 52, 86, 87, 90, 96, 116, 118
Warrst, 52, 81, 108, 116
Warrt, 15, 21, 29, 31, 33, 41, 42, 46, 63, 93, 94, 116, 119, 120
Wasch, 103
Wat, 15, 20, 35, 59
Wat 'n, 48
Wat afmaken, 11
Wat an doon, 85
Wat du wullt, 50, 92
Wat ehrder, 13
Wat gauer, 13
Wat gefallt di op best, 35
Wat hest dat so hild, 28
Wat ik seggt heff, 47
Wat is de Klock, 19
Wat is in di fohrt, 81
Wat is mit di, 36
Wat is mit di?, 12
Wat köst de, 99

Wat kümmt nu, 46
Wat meenst, 65
Wat mi angeiht, 40
Wat mutt, dat mutt, 51, 70
Wat nu, 36
Wat nu?, 35
Wat schaad, 66
Wat schull ik maken, 39
Wat to beschicken, 35
Wat weer dat schöön, 11
Wat wullt du maken, 77
Wat'n, 43, 53, 75, 100
Wat'n deit, 69
Wat'n dinkt, 69
Wat'n Glück, 75
Water, 119
Wedden, 65
Wedder, 20, 22, 39, 45, 48, 74, 84, 94, 97, 102
Wedderseh, 107
Weddersehn, 30, 107, 120
Wedderseht, 107
Week, 24
Weeken, 21
Ween, 20, 32, 34, 35, 57, 62, 68, 72, 84, 87, 89, 115
Ween weer, 91
Weenichsens, 87
Weer, 15, 59, 78, 83, 115
Weer't, 31, 50
Weern, 14, 103
Weerst, 49, 115
Weert, 87
Wees, 51, 56
Wees man froh, 31

Weest, 15, 35, 47, 58, 72, 80, 101, 104
Weest Bescheed, 41
Weet, 35, 36, 50, 54, 69, 70, 72, 93, 106, 116
Weet ik nich, 92
Weet ik sülvst, 28
Weet ji, 69
Weet Se wat, 61
Weetst, 20, 47, 116
Weetst Bescheed, 76
Weetst du, 47
Weetst wat, 65
Weg, 70
Wegen, 33
Weglopen, 64
Wegsmeten, 66
Weiht, 98
Wekeen, 33
Weken, 21, 23, 24
Wekenenn, 24, 30, 98
Welkeen, 27, 33
Weller, 28, 30
Welt, 43, 52, 70, 103
Wenn dat nich wat is, 43
Wenn he blots will, 22
Wenn ik du weer, 59
Wenn't, 40, 95
Wenn't op ankummt, 121
Wenn't sien mutt, 13
Wenngliek, 64, 112
Weren, 115
Wesen, 46, 85, 89, 115
Wessel, 97, 98
Weßt, 66

West, 89
West ween, 90
West weer, 21
West wesen, 90
Westenkant, 98
Weten, 24, 38, 40, 41, 69, 71, 77, 80, 93, 116
Wetenschap, 91
Wi, 14, 20
Wi 't, 19
Wi beid, 108
Wi köönt, 14
Wi sünd, 21
Wied, 118
Wieder, 31, 41, 53, 65, 70
Wiedergahn, 48, 107
Wiederlopen, 21
Wiehnachten, 96
Wiel, 23, 39, 79, 110
Wien, 104
Wies, 31, 93
Wieschen, 96
Wiesen, 103, 108
Wiesmaken, 119
Wiet, 17, 22, 61, 110
Will, 116
Will höpen, 85
Will't, 60
Wille, 70
Willkamen, 26
Wind, 94, 98
Winnig, 99
Winter, 96
Wiß, 39, 71
Wiß doch, 33

Wiss nich, 71
Wiß und wohrhaftig, 83
Witte, 96, 97
Witten, 104
Wo, 27, 51, 53, 69, 87
Wo bliffst du denn, 13
Wo dat doch, 15
Wo dat langs geiht, 18
Wo doch de Tiet vergeiht, 22
Wo geiht di dat, 51, 52
Wo geiht't, 27
Wo is't, 51
Wo koomt wi dor hen, 18
Wo krieg ik, 99
Wo laat is dat?, 19
Wo lang, 22
Wo ok, 90
Wo steiht, 99
Wo sünd de afbleven, 15
Wo veel, 13
Wo't, 57
Woan, 34
Woans, 17, 34, 39, 45, 72, 80, 82, 107
Wodat, 34
Wodennig, 22, 34, 49
Woför, 94
Wogegen, 16, 112
Wohen, 34
Wohr, 72, 74
Wohrhaftig, 73, 83, 90
Wohrheit, 41, 71
Wohrschau, 68, 99
Wokeen, 27, 33, 35, 58, 70, 92, 103

Wokeen is dat, 33
Wolang, 21
Wölke, 55
Woll, 19, 21, 38, 40, 57, 72, 82, 84, 88, 93, 119
Woll wohr, 83
Wöllt, 100
Womööglich, 99
Woneem, 34, 53, 87
Wonehm, 28
Wono, 34
Woor, 15
Wöör, 15, 35, 53, 116, 121
Wöörn, 116
Wöörst, 49, 116
Woort, 69
Wor, 52
Woröver, 34
Worr, 11, 56, 107
Wörr, 43, 59, 108
Worrn, 28, 119
Worüm, 27, 33, 45, 52, 63, 81, 83, 86, 91, 118
Woso, 34, 39, 45, 80
Woter, 100
Woto, 34, 74
Woveel, 21, 34, 101
Wovör, 34

Wovun, 34, 76
Wulken, 95, 97, 98
Wulkendüster, 97
Wull, 16, 17, 32, 42, 45, 47, 49, 105, 116
Wullen, 116
Wüllen, 116
Wullst, 58
Wullt, 12, 14, 36, 38, 49, 57, 69, 70, 81, 104, 116
Wüllt, 11, 21, 29, 51, 54, 58, 63, 72, 89, 101, 105
Wullt du, 108
Wunner, 43, 44, 75, 82
Wunnerbor, 31, 53, 75, 106
Wunnern, 118
Wunnert, 44, 68, 91, 110
Wunnerwark, 119
Wünsch, 101
Würklich, 35, 39, 46, 65, 66, 84, 89, 90, 120
Wuss, 17, 28, 116
Wüss, 38, 41, 67, 93, 119
Wussen, 116
Wüssen, 120
Wusst, 44, 116
Wüsst, 32, 44, 80
Wust, 84